맛있는 짜장면의 역사

맛있는 짜장면의 역사

박남정 글 · 이루다 그림

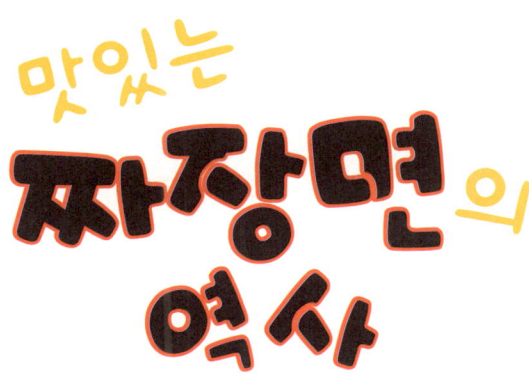

도서출판 산하

| 들어가는 말 |

짜장면 속에 숨은 이야기

잘게 썬 고기와 채소가 어우러진 까만색 소스를 매끈매끈 쫄깃한 면에 비벼 먹는 짜장면. 달큰하고 부드러워 먹기 쉽고, 먹고 나면 든든합니다. 요즘에는 피자나 햄버거 같은 패스트푸드에다 다양한 외식 메뉴가 넘쳐나 옛날보다 인기가 덜하지만, 어른 아이 할 것 없이 누구나 좋아하는 음식으로는 여전히 첫손에 꼽히지요.

피자나 닭튀김은 싫다는 할머니도 짜장면은 맛있게 드십니다. 엄마가 없는 토요일 오후, 음식을 시켜 먹을 때면 아빠는 주저 없이 중국음식점에 전화를 걸어 "짜장면이요!" 하고 외칩니다. 군대에서 휴가 나온 삼촌은 짜장면이 가장 먹고 싶었다며 짜장면 곱빼기를 곱빼기로 먹어 치울 기세입니다. 오랫동안 우리나라를 떠나 있는 사람들이 김치와 된장찌개만큼이나 먹고 싶어 하는 음식도 짜장면이랍니다.

짜장면은 2006년 문화관광부가 발표한 '한국 문화를 대표하는 100가지 문화 상징'에도 이름이 올라 있습니다. '중국에서 유래하였으나 그것과

다르게 우리나라에서 뿌리내렸고, 남녀노소 누구나 즐기는 대표적인 외식 메뉴이며 세계화가 가능한 음식'이기 때문이지요.

지난 2005년 인천 차이나타운에서는 '짜장면 100주년 기념 축제'가 열렸습니다. 우리나라에 짜장면이 첫선을 보인 지 100년도 더 되었다니, 짜장면은 정말 역사가 깊은 음식이지요. 그리고 2012년 4월 28일에는 인천의 중국음식점 공화춘 자리에 짜장면박물관도 문을 열었습니다.

전국에서 하루 동안 팔리는 짜장면이 약 600만~700만 그릇이라니, 그야말로 '국민 음식'이라 할 만합니다. 기쁠 때나 슬플 때나 항상 우리 곁에 있었던 짜장면, 그 긴 역사 속에는 어떤 이야기가 담겨 있을까요?

| 차 례 |

들어가는 말 - 짜장면 속에 숨은 이야기 ● 4

1. 짜장면, 너는 어디서 왔니?
짜장면, 중국에는 없다고? ● 10
북경 vs 산동 vs 대한민국 짜장면 ● 13
짜장면에 발이 달렸나? ● 18
 남쪽 귤 북쪽 탱자 ● 21
짜장면을 처음 팔았던 공화춘 ● 22
비단 장사 왕 서방 ● 26

2. 한국식 짜장면이 태어나다
살길을 찾아 짜장면을 만들다 ● 32
한국식 짜장면 맛의 비밀, 춘장 ● 36
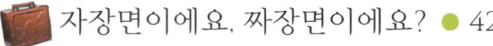 음식의 이동 ● 38
짜장면 안 먹어 봤으면 촌사람 ● 40
자장면이에요, 짜장면이에요? ● 42

3. 짜장면 전성시대
짜장면 먹는 날은 최고의 날 ● 46
짜장면, 외식 메뉴의 톱스타 되다 ● 48
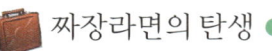 짜장면 먹을까, 짬뽕 먹을까? ● 50
쌀밥 대신 짜장면을 먹어라 ● 52
짜장라면의 탄생 ● 56

4. 축제의 음식에서 일상의 음식으로
- 중국음식점 주방을 점령한 한국 사람들 ● 60
- 짜장면 가격을 잡아라 ● 64
- 단무지 없는 짜장면은 앙꼬 없는 찐빵 ● 66
- 경쟁자가 너무 많아 ● 68
- 하림각 남상해 회장 인터뷰 ● 70

5. 그래도 짜장면은 달린다
- 배달의 기수 한반도를 누비다 ● 76
- 철가방의 탄생 ● 80
- 짜장면의 변신은 무죄 ● 82
- 70년대 짜장면 만드는 법 ● 85
- 그래도 짜장면이 최고! ● 86
- 번개 배달 김대중 씨 인터뷰 ● 90

- 짜장면, 예술이 되다 ● 94
- 짜장면에 얽힌 별별 이야기 ● 102
- 문답으로 풀어 보는 짜장면 별별 상식 ● 106
- 차이나타운으로 출발! ● 110

나오는 말 ● 114

"희수야, 우리 짜장면 시켜 먹을까?"
"어휴, 또요? 아빠는 만날 짜장면만 드시면서 질리지도 않으세요?"
"아빠가 너만 할 땐 짜장면이 최고였어. 아빠는 중국집 사장이 되는 게 꿈이었다고."
"정말요?"
"중국집 사장이 되면 짜장면을 질리도록 먹을 줄 알았거든."

1 짜장면, 너는 어디서 왔니?

"와하하하! 진짜요? 그런데 짜장면은 어느 나라 음식이에요?
쌀국수는 베트남, 스파게티는 이탈리아에서 왔잖아요."
"당연히 중국 음식이지."
"왜요?"
"중국집에서 파니까."
"에이, 엉터리. 방학 때 중국에 갔다 온 제 친구가 중국에는 짜장면이 없다던데요."
"그럼 우리나라 음식인가? 그런데 왜 중국집에서 팔지?
한식집에서는 짜장면 안 팔잖아."
"그러게요. 짜장면은 도대체 어느 나라 음식이죠?"

짜장면, 중국에는 없다고?

우리나라 중국음식점 가운데 짜장면을 팔지 않는 곳은 거의 없습니다. '중국 음식' 하면 가장 먼저 떠오르는 것도 짜장면이지요. 그런데 정작 중국에서는 짜장면을 파는 음식점을 찾기가 어렵습니다.

"아니, 우리나라 중국집에는 다 있는 짜장면이 왜 중국엔 없는 거야?"

중국을 다녀온 사람들이 늘어나면서 짜장면의 국적을 놓고 시끌벅적 말이 많아졌어요. 어떤 사람들은 아예 '짜장면은 한국 음식'이라고까지 주장하지요. 그렇다면 정말 중국에는 짜장면이 없을까요?

그렇지 않습니다. 중국에도 분명 짜장면이 있어요. 다만 우리나라만큼 흔하지는 않습니다. 짜장면은 중국의 많고 많은 면 요리 가운데 하나일 뿐입니다.

중국은 기원전 3,000년 무렵부터 밀을 재배했습니다. 밀가루로 면(국수)을 만드는 방법이 일찌감치 발달해 수천 년 전부터 면 요리를 먹었지요. 우리나라의 국수나 일본의 우동, 이탈리아의 파스타 같은 세계 곳곳의 면 요리들이 중국에서 전파된 면 요리 덕분이라는 주장까지 있을 정도입니다.

중국의 동북부 지역은 특히 기온이 낮고 건조합니다. 그래서 밀농사가 잘되지요. 그래서인지 이곳 사람들은 아침, 점심, 저녁까지 주로 면 요리를 먹는다고 합니다. 자주 먹는 만큼 요리법도 발달했어요.

우선 면을 만드는 방법이 다양합니다. 손으로 반죽을 쳐서 늘이면서 반씩 접어 가늘게 만들기(수타면 또는 납면), 기계에 넣어 뽑아내기(압출면), 칼로 얇게 썰기(절면), 얇은 철판 같은 도구로 한 줄씩 깎아 내리기(도삭면) 등 여러 방법이 있지요.

그렇다면 면 요리는 어떻게 구분할까요? 요리법에 따라 크게 국물에 말아 먹는 것과, 국물 없이 비벼 먹는 것으로 나눕니다. 국수와 다른 재료들을 물에 끓여 국물과 함께 먹는 것을 '탕면', 국물 없이 비벼 먹는 국수를 '건면'이라 합니다.

짜장면은 어떤 면일까요? 대표적인 건면입니다. 북경이나 산동 등 여러 지방에서 짜장면을 먹는데, 색깔이나 맛은 지역마다 조금씩 다릅니다. 면을 비비는 장이 다르기 때문입니다. 북경에서는 콩으로 만든 황장을 주로 쓰고, 산동 지방에서는 밀과 콩을 함께 발효시켜 달콤한 맛이 나는 첨면장을 씁니다.

북경 vs 산동 vs 대한민국 짜장면

그때 그 짜장면~
쩝쩝

우리나라의 대표적 음식인 비빔밥. 그 중에서도 전주비빔밥이 가장 유명하지요? 중국에서는 북경짜장면이 유명합니다. 북경짜장면의 유래는 다음과 같습니다.

청나라 11대 황제인 광서제 때입니다. 중국이 서양 강대국들의 침략에 시달리던 19세기 후반이었지요. 산동 지방 농민들을 중심으로 뭉친 의화단과 서양 강대국들이 전쟁을 벌였습니다. 상황이 불리해지자 황제인 광서제와 당시의 권력자 서태후는 수도인 북경을 버리고 시안으로 몸을 피했습니다.

그런데 정신없이 피난길에 올라 한창 배가 고프던 참에 어디선가 맛있는 냄새가 풍겨 오는 게 아니겠어요? 냄새를 따라가 보니, 작은 음식점에서 짜장면을 만들고 있었습니다. 어찌나 맛있던지 광서제와 서태후는 짜장면을 한 그릇씩 더 먹었다고 해요. 그러고도 그 맛을 못 잊어 북경으로 돌아올 때 그 집 주방장을 데려오기까지 했답니다. 그때부터 북경짜장면은 황제와 황후가 먹는 음식이라 하여 널리 알려졌어요.

　우리나라가 1980년대에 경제가 급성장한 것처럼, 중국은 1990년대 이후 경제가 빠르게 성장했습니다. 그러면서 소비 수준이 높아지고 생활에 여유가 생겼지요. 그러자 어렵던 시절 집에서 해 먹던 짜장면이 음식점 메뉴로 등장했어요. 이름 하여 '옛날 북경짜장면'입니다. 마치 우리나라에서 '옛날 잔치국수'가 음식점에 등장한 것과 비슷하지요?

　그런가 하면, 사업이나 유학 때문에 중국에 머무는 우리나라 사람들이 늘어나면서 한국식 짜장면도 팔리기 시작했습니다. 그러니까 지금 북경에는 중국에 오는 한국 사람들을 겨냥한 '한국식 짜장면'과 옛날 중국 사람들이 먹었던 '옛날 북경짜장면'이 함께 팔리고 있는 셈이지요. 북경짜장면은 어떤 맛이냐고요? 북경에 가게 되면 꼭 먹어 보세요. 짜장면 한 그릇에 10위안 안팎(2012년 기준으로 1위안은 180원 안팎)이라고 합니다. 우리나라 짜장면에 비하면 값이 싼 편이죠?

그런데 중국에서는 각 지방마다 짜장면의 맛과 색깔이 다르다고 합니다. 그렇다면 지금 우리가 먹는 까만 짜장면은 중국 어느 지방에서 온 걸까요?

언젠가 텔레비전에서 방영되었던 다큐멘터리 〈짜장면의 진실〉에서 그 답을 알려 줍니다. 리포터가 중국의 여러 지방을 돌며 우리나라 짜장면의 원조를 찾아다닙니다. 카메라가 멈춘 곳은 산동 지방 한 시골 마을의 평범한 농가에 있던 장항아리. 집주인 아주머니가 항아리 뚜껑을 열어 안에 들어 있는 것을 보여 줍니다.

"이건 첨면장이라는 거예요. 산동 지방에서는 오래전부터 집집마다 첨면장을 담가 왔어요."

'첨면장'이란 밀로 만들어 단맛이 나는 된장을 말합니다. 우리나라 된장은 콩으로만 만들지만, 첨면장은 푹 익힌 콩에 밀가루를 섞어서 만듭니다. 먼저 밀가루를 묻힌 콩을 따뜻한 방 안에 2~3일 두어 발효시키고, 햇볕에 말립니다. 이것을 다시 물에 불려서 간 다음, 소금을 넣고 보관하면 첨면장이 됩니다. 색깔은 우리나라 된장보다 조금 짙은 갈색인데, 숙성이 될수록 더 짙어진다고 해요.

콩으로 만들어 구수하며, 밀가루를 더해 단맛이 나는 게 특징입니다.

우리나라 사람들이 된장으로 나물도 무치고 찌개도 끓이고 쌈장도 만들어 먹듯, 산동 사람들도 첨면장을 온갖 요리에 다 쓴다고 해요. 그 요리 가운데 하나가 바로 작장면(炸醬麵)인데, 중국 사람들 발음으로는 '짜지앙미엔'입니다. 작(炸)은 '(폭약이)터지다' 또는 '(음식을)튀기다'라는 뜻이고, 장(醬)은 젓갈, 된장, 간장 등 발효 식품을 일컫습니다. 면(麵)은 국수나 그 밖에 밀가루로 만든 것을 뜻합니다. 그러니 작장면이란 말 그대로 '볶은장을 비벼 먹는 면 요리'인 거지요.

짜지앙미엔이 만들어지는 모습을 지켜보면 왜 그런 이름이 지어졌는지 실감할 수 있어요. 먼저 기름을 넉넉히 부은 팬에 첨면장을 넣고 튀기듯 볶습니다. 이때 별다른 채소는 넣지 않고 대파나 생강 정도만 총총 썰어 넣지요. 그래서 볶은장이 묽지 않고 빡빡한 편이며 맛이 짭니다. 이렇게 볶은 장과 몇 가지 채소와 삶은 국수를 각각 다른 그릇에 담아 내면, 저마다 입맛대로 장을 끼얹어 가며 비벼 먹는 겁니다. 장이 짜기 때문에 많이 넣지는 않습니다. 국수를 찬물에 헹구고 장도 식힌 다음에 먹는 요리라, 겨울보다 여름에 주로 먹는다고 하네요.

우리나라 짜장면과는 좀 다르죠? 그렇다면 이번에는 우리나라 짜장면을 만들어 볼까요?

먼저 채소와 고기를 비슷한 크기로 썰어 놓습니다. 그런 다음, 기름에 춘장을 넣어 바글바글하게 볶아 놓습니다. 다시 커다란 팬에 기름을 두르고 고기, 감자, 채소를 차례로 익혀 가며 볶은 뒤 여기에 볶아 놓은 춘장을 넣고 센 불에서 빠르게 볶아 냅니다. 그리고 다시 녹말물을 붓고 끓여 소스를 수프처럼 물기가 많고 걸쭉하게 만듭니다. 이러면 짠맛이 덜하고 단맛이 납니다.

우리나라 짜장면은 비벼 먹는다기보다 말아 먹는다고 할 만큼 소스를 듬뿍 넣습니다. 방금 삶은 따뜻한 면 위에 뜨거운 소스를 부어 먹는 따뜻한 음식이라는 것도 산둥 짜지앙미엔과 다르지요.

짜장면에 발이 달렸나?

그렇다면 오래전부터 산동 사람들이 자주 해 먹던 이 음식은 어떻게 우리나라까지 오게 된 걸까요?

우선 산동이 어떤 곳인지 알아봅시다. 산동은 서해를 사이에 두고 우리나라와 마주한 중국 땅입니다. 산동과 인천(옛 이름은 제물포) 사이에는 일찌감치 뱃길이 나 있었고, 지금도 이 뱃길을 통해 많은 사람들이 두 나라를 오고 갑니다.

산동의 청나라 사람들이 우리나라로 많이 들어온 것은 1882년 임오군란 때부터입니다. 청나라에서 군란 진압을 돕는다는 구실로 군인들과, 이들을 도울 상인들을 우리나라에 보낸 것이지요. 군대가 생각보다 오랫동안 조선에 머물자, 상인들은 조선 사람을 상대로 장사를 시작했습니다.

청나라는 우리나라보다 한발 앞서 서양의 문물을 받아들였어요. 그래서 영국산 면직물이나 설탕, 밀가루, 담배, 비누 같은 근대적인 물품들이 많았습니다. 이런 물건들을 조선에서 팔면 큰돈을 벌 수 있다는 소문이 퍼지자, 많은 청나라 사람들이 조선으로 건너왔습니다. 이들은 조선 곳곳으로 흘

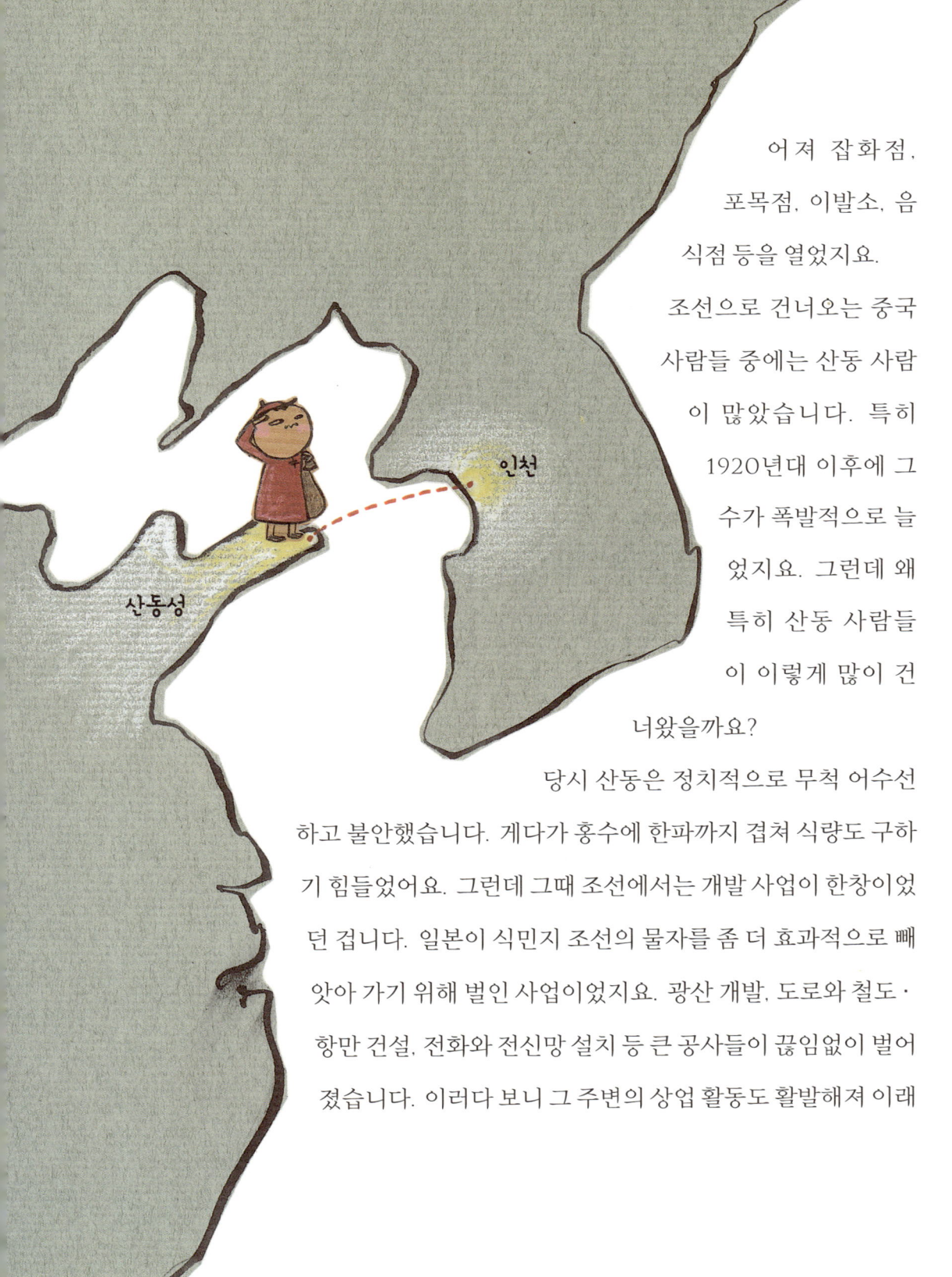

어져 잡화점, 포목점, 이발소, 음식점 등을 열었지요. 조선으로 건너오는 중국 사람들 중에는 산동 사람이 많았습니다. 특히 1920년대 이후에 그 수가 폭발적으로 늘었지요. 그런데 왜 특히 산동 사람들이 이렇게 많이 건너왔을까요?

당시 산동은 정치적으로 무척 어수선하고 불안했습니다. 게다가 홍수에 한파까지 겹쳐 식량도 구하기 힘들었어요. 그런데 그때 조선에서는 개발 사업이 한창이었던 겁니다. 일본이 식민지 조선의 물자를 좀 더 효과적으로 빼앗아 가기 위해 벌인 사업이었지요. 광산 개발, 도로와 철도·항만 건설, 전화와 전신망 설치 등 큰 공사들이 끊임없이 벌어졌습니다. 이러다 보니 그 주변의 상업 활동도 활발해져 이래

저래 일할 사람들이 많이 필요했지요.

그래서 먹고살 길을 찾던 산동 사람들이 조선으로 건너온 것입니다. 많은 사람과 물자가 드나들던 인천항 부두는 산동에서 건너온 노동자들로 북적였습니다. 자연히 이들에게 음식을 파는 사람도 생겨났는데, 이들이 손수레에 싣고 다니며 팔았던 음식 중 하나가 바로 짜지앙미엔이었답니다.

산동 출신 노동자들은 낯선 조선에서 고향의 음식인 짜지앙미엔으로 허기를 채우면서 무슨 생각을 했을까요. 고향 땅과 두고 온 가족을 생각하지 않았을까요? 산동 사람들과 함께 조선으로 건너온 짜지앙미엔에는 이렇게 그들의 땀과 눈물이 어려 있답니다.

똑같은 음식이라도 누가 언제 어떻게 만들었는가에 따라, 또 누가 언제 어디서 먹는가에 따라 값어치가 달라집니다. 떡볶이만 해도 그렇지요. 500원짜리 컵떡볶이가 있는가 하면, 호텔에서 나오는 몇만 원짜리 궁중떡볶이도 있잖아요.

1930년대를 배경으로 한 박태원의 소설《성탄제》에는 이런 장면이 나옵니다. 동생이 술집에 나가는 언니를 못마땅해하자, 언니는 자신이 가족을 위해 희생하는 거라고 하소연합니다. 그러면서 그 일을 하는 대가로 "식구 수효대로 짜장면을 시켜 왔다."고 말합니다. 그 시절에 짜장면은 생색을 내도 좋을 만큼 특별한 음식이었던 것입니다.

남쪽 귤 북쪽 탱자

　남귤북지(南橘北枳)라는 말이 있습니다. '남쪽에서는 크고 맛있게 열매 맺는 귤도 북쪽 땅에 심으면 탱자가 된다.'는 뜻입니다. 같은 씨앗이라도 심는 땅이나 기후 등 환경에 따라 성질이 바뀔 수 있다는 말이지요.

　이 말을 처음 쓴 사람은 중국 제나라의 안영입니다. 안영이 초나라에 사신으로 갔을 때 일입니다. 마침 제나라 사람이 도둑질을 하다가 잡혀 왔는데, 초나라 왕은 총명하기로 소문이 난 안영을 시험해 보고 싶었습니다. 그래서 안영에게 제나라 사람은 다 도둑질만 하느냐며 비아냥거렸지요. 그러자 안영이 '남귤북지'라고 답해 초나라 왕의 코를 납작하게 했다는군요. 제나라 사람이어서 도둑질을 한 것이 아니라, 초나라의 환경이 문제라는 뜻이었으니까요.

　안영의 이 말은 음식에도 쓰일 수 있습니다. 중국 산동 지방의 짜지앙미엔이 한국식 짜장면으로 변한 것처럼, 어떤 나라의 음식이 다른 나라에 가서 그곳 사람들의 입맛과 기후, 풍습 따위에 맞게 변화한 예가 많아요. 인도 사람들이 즐겨 먹던 커리가 일본으로 건너가 카레가 된 것, 서양의 오믈렛과 일본의 쌀밥이 어울려 오므라이스가 된 것도 그런 경우랍니다.

짜장면을 처음 팔았던 공화춘

조선으로 건너온 청나라 사람들 가운데 돈이 좀 있는 사람들은 규모가 큰 음식점을 열었습니다. 청나라 요리를 판다고 해서 '청요릿집'이라 불렀지요. 외국 나들이가 쉽지 않았던 시절이라 낯선 외국 음식을 맛볼 수 있는 청요릿집은 고급 음식점으로 큰 인기를 누렸어요. 청나라 사람들이 많이 머물렀던 인천의 공화춘, 중화루, 동흥루는 3대 청요릿집으로 불리며 전국 각지에서 내로라하는 사람들이 찾아올 정도로 유명했습니다. 서울의 아서원, 취천루, 금곡원, 대관원, 사해루 또한 당시에 이름을 날리던 고급 청요릿집들입니다.

이런 청요릿집은 돈 있는 중국 사업가들이 주로 이용했지만, 지위가 높

거나 돈이 많은 일본이나 조선 사람들도 드나들었습니다. 그만큼 고급스럽고 특별한 음식으로 여겼고, 값도 비쌌지요. 각종 기념식이나 연회가 자주 열렸고, 권력을 가진 사람들이 은밀히 모이는 장소로도 쓰였습니다. 그러면서 산동 사람들이 집에서 흔히 해 먹던 짜장면도 청요릿집 차림표에 이름을 올렸습니다.

인천시에서는 공화춘을 우리나라에서 짜장면을 처음 판 음식점으로 소개합니다. 그리고 공화춘이 영업을 시작한 1905년을 짜장면이 팔리기 시작한 해로 치지요. 지난 2005년에는 이를 기념해 짜장면 100주년 기념 축제를 열었습니다. 축제가 열렸던 옛 청나라 조계지(개항 도시의 외국인 거주지)인 선린동 일대 차이나타운이 떠들썩했어요.

공화춘은 산동 출신인 우희광이라는 사람이 세운 음식점 겸 여관으로 알

려져 있습니다. 처음 이름은 산동회관이었는데, 1911년에 중화인민공화국이 세워지자 이듬해에 '공화국의 봄'이라는 뜻을 지닌 공화춘으로 고쳤다고 합니다. 여기에 대해서는 조금 다른 의견도 있어요. 공화춘이 처음에는 식당이 아니라 청나라 상인들을 위한 회관이었는데, 나중에 식당 영업을 시작했다는 주장이 그것입니다.

어찌 되었건 공화춘은 차이나타운에서 크게 이름을 날렸으며, 이후 우희광의 후손들이 대를 이어 운영해 오다 1984년에 문을 닫았습니다. 그러나 2006년 문화재청은 공화춘 건물이 '근대 개항장의 건물 양식을 잘 보존하고 있다.'고 하여 '근대문화유산 246호'로 등록했습니다.

2012년 4월 28일, 인천시는 이곳에 짜장면의 역사와 변화를 보여 줄 짜장면박물관을 열었습니다. 박물관에는 19세기 말 제물포항의 풍경을 재현한 모형, 짜장면의 어원과 재료, 짜장면의 시대별 변화 양상, 짜장면과 관련된 다양한 문화 현상 등이 전시되어 있습니다.

이곳에 가면 1930년대 인천 차이나타운의 중국음식점 풍경과 1950년대 공화춘 주방 모형, 1970년대 짜장면 전성기의 풍경, 한국 현대 문화 속의 짜장면 등을 만나볼 수 있습니다.

자, 그럼 맛있는 짜장면도 먹을 겸해서 짜장면박물관으로 나들이를 해 보면 어떨까요?

비단 장사 왕 서방

"비단이 장사 왕 서방 명월이한테 반해서, 비단이 팔아 모은 돈 퉁퉁 털어서 다 줬어. 띵호와 띵호와 돈이가 없어도 띵호와……."

1930년대에 인기를 끌었던 대중가요 가운데 이런 노래가 있습니다. 3절까지 이어지는 노랫말의 내용을 보면 대충 이렇습니다. 비단 장사를 하는 왕 서방이 명월이에게 반해서 돈을 다 갖다 바쳤는데, 명월이는 마음을 열지 않습니다. 명월이와 살기만 하면 돈이 없어도 좋을 텐데, 싫다니 어쩝니까. 돈이나 벌어야지요.

이 노래에 등장하는 왕 서방은 우리나라에서 장사를 해서 큰돈을 번 화교 상인을 가리킵니다. 화교란 중국 국적을 가지고 외국에서 사는 중국 사람을 말하는데, 이런 노래가 만들어질 정도로 많은 중국인들이 우리나라에 들어왔답니다. 1884년에는 인천에 청나라 사람들이 모여 사는 조계지가 생겨났어요. 그때 354

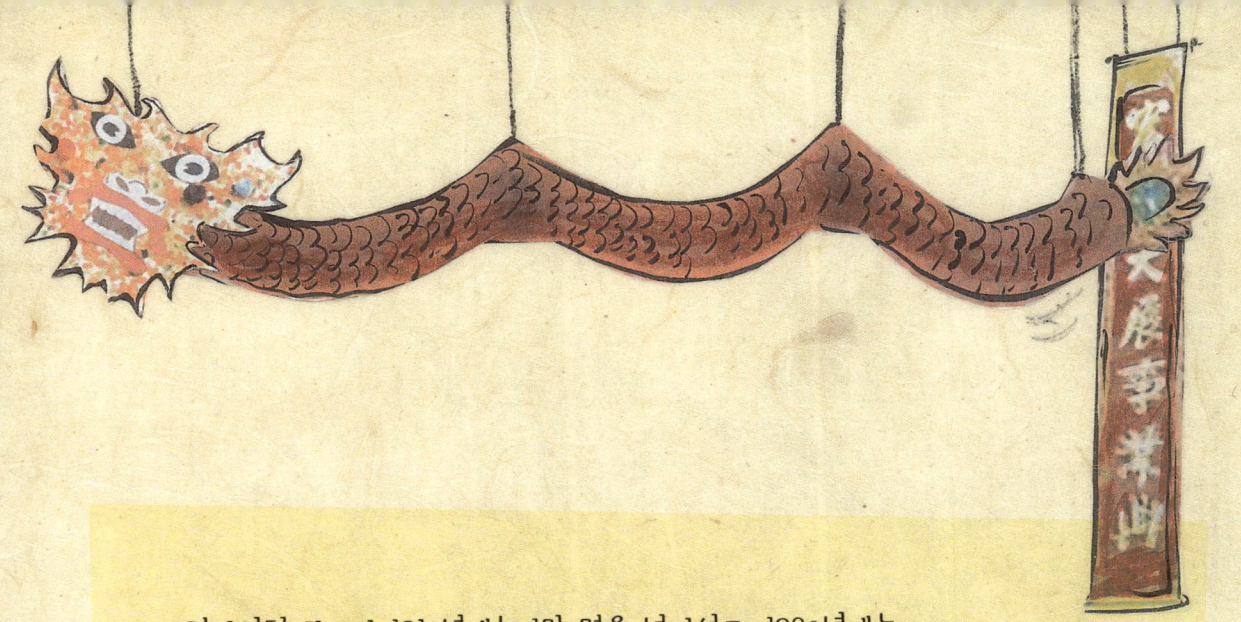

명이었던 화교가 1910년에는 1만 명을 넘어섰고, 1930년에는 6만여 명, 1940년대에 이르러서는 10만 명 가까이 되었습니다.

화교들은 부지런하고 상술도 뛰어나 조선과 중국을 오가며 장사를 벌였습니다. 인천에 본점을 두고 서울에 지점을 내어 조선인과 외국인에게 물건을 팔았고, 화물을 운반하는 일도 도맡아 하면서 돈을 벌어들였지요. 담걸생이라는 이름의 화교 사업가는 1920년대 조선에서 세금을 가장 많이 냈대요. 돈이 얼마나 많았던지, 고종 황제도 이 사람에게 돈을 꾼 적이 있다네요.

화교들은 면직물이나 비단 등 옷감을 파는 포목점도 많이 운영했어요. '비단 장사 왕 서방'은 그래서 나온 말이지요. 또, 화교들이

많이 경영한 것이 음식점입니다. 산동은 예로부터 요리가 무척 발달한 곳이어서, 평소 산동에서 먹던 요리만 만들어 팔아도 손님들을 끌 수 있었지요. 그중에서도 돈이 많은 사람은 요리사까지 데려와 규모가 큰 청요릿집을 열었고, 그렇지 않은 사람들은 자그마한 식당을 하거나 간단히 만두나 호떡을 팔기도 했습니다.

'호떡집에 불났다.'는 말을 들어 보았나요? 사람이 많이 모여들어 떠들썩하고 시끄러울 때 쓰는 표현이지요. 이것도 화교들이 하던 호떡집이 장사가 아주 잘되자, 우리나라 사람들이 시새움을 섞어 하던 말이었다고 합니다.

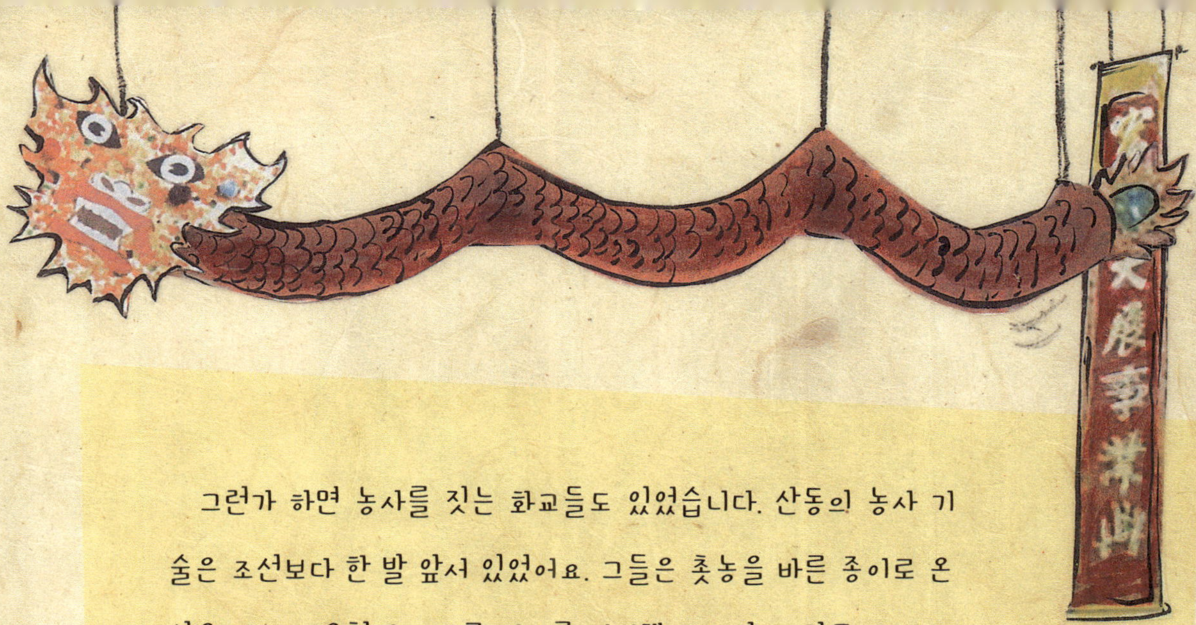

그런가 하면 농사를 짓는 화교들도 있었습니다. 산동의 농사 기술은 조선보다 한 발 앞서 있었어요. 그들은 촛농을 바른 종이로 온실을 지어 겨울철에도 푸른 채소를 재배했지요. 양파, 당근, 토마토 같은 채소를 우리나라에 소개한 것도 산동 사람들이라고 합니다. 이렇게 키운 채소를 청나라 사람이 운영하는 음식점에 공급하고 시장에도 내다 팔았습니다.

돈도 없고 특별한 기술도 없는 사람들은 막노동을 했어요. 이들은 도로를 건설하고 집을 짓고 짐을 날랐지요. 지금도 남아 있는 차이나타운의 많은 건물과, 동해안 철도, 한강 제방 등이 이들의 힘을 빌려 건설되었답니다.

이야, 호떡집에 불났구먼!

"그러니까 우리나라 짜장면의 원조는 중국 산동 지방의 짜지앙미엔이라는 거죠?"
"그렇지. 일본에서 아무리 '기무치는 일본 음식'이라고 주장해도 그 원조는 김치인 것처럼 말이야."
"그런데 아빠, 산동 짜장면은 우리가 지금 먹는 짜장면이랑 많이 다르다면서요?"

2 한국식 짜장면이 태어나다

그럼 짜장면의 원조는?

"응, 만드는 법이나 먹는 법, 맛도 다르대. 그래서 짜장면이 한국 음식이라는 말도 나온 거고."
"그럼 산동의 짜장면이랑 우리나라 짜장면은 왜 이렇게 달라진 걸까요?"
"그러게. 도대체 짜장면한테 무슨 일이 있었던 걸까?"

살길을 찾아 짜장면을 만들다

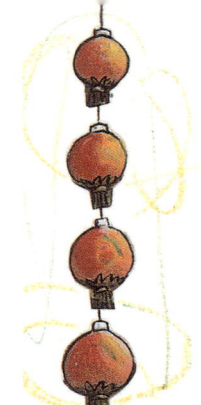

　1882년 이후 우리나라에 건너온 화교들은 대부분 남자였습니다. 돈을 벌어 돌아가겠다는 생각에 가족을 고향에 두고 혼자 조선으로 건너온 경우가 많았지요. 이들은 1년에 한 번 정도 명절 때 고향에 다녀왔습니다. 그 때문에 '제비'라는 별명이 붙기도 했어요.

　해방이 될 무렵까지만 해도 우리나라에는 화교들이 많았고, 상업 활동도 활발했습니다. 1946년에는 우리나라 전체 무역 수입 총액의 82퍼센트, 1947년에는 52퍼센트 이상을 차지할 정도였지요.

　하지만 1948년 대한민국 정부가 세워지면서 화교들의 처지가 달라지기 시작했습니다. 한국 정부는 외국인이 우리나라에 들어오는 것을 엄격하게 막았어요. 1949년 수립된 중국 정부도 자국민이 외국으로 나가는 것을 금지했습니다. 한국전쟁에서 중국이 북한을 도와 군대를 파견한 뒤로 한국과 중국은 적이 되어 버렸거든요.

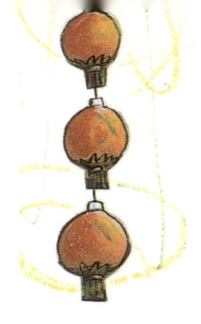

　이런 상황 때문에 중국과 한국을 넘나들던 화교들의 장삿길은 하루아침에 막혀 버렸습니다. 한국과 중국의 국교가 끊기면서 1년에 한 번씩 고향에 가는 것조차 할 수 없게 되었지요. 화교들은 이제 중국에서 한국으로 건너올 수도, 한국에서 중국으로 돌아갈 수도 없는 처지가 되었습니다.

　어려움은 또 있었어요. 1960년대에 들어서면서부터 경제 발전을 위해 빠른 속도로 내달리던 우리나라 정부는 외국 국적을 가진 화교들을 배려할 여유가 없었습니다. 오히려 화교들이 우리나라에서 돈을 버는 것이 나라 경제에 손해가 된다고 생각해, 그들의 경제 활동을 막는 여러 가지 정책을 폈지요.

　화교들은 부동산도 땅은 200평, 점포는 50평 이상 가질 수 없었어요. 한국에서 태어난 화교 2세들은 외국인이라는 이유로 진학이나 취직이 어려웠습니다. 그렇다고 한국 국적을 갖는 것도 쉽지 않았습니다. 까다로운 조건이 너무 많았고 절차도 복잡했거든요.

　우리 정부의 이런 정책 때문에 한국에서 살기가 힘들어지자 많은 화교들이 대만, 홍콩, 미국, 호주 등 다른 나라로 떠났습니다. 해방 전까지만 해도

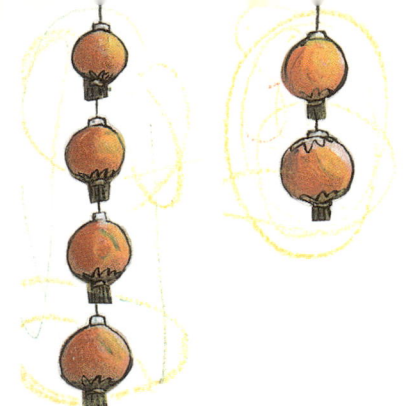

10만 명 가까이 되던 우리나라의 화교들은 1970년대를 지나면서 2만 명대로 줄어들었어요.

한국에 남은 화교들이 먹고살 길을 마련하기 위해 선택한 것이 바로 중국음식점이었습니다. 음식점은 큰돈 없이도 시작할 수 있고 가족끼리 할 수 있는 일이었기 때문이지요. 마땅한 직업을 구하기 힘들었던 화교 2세들도 요리를 배우기 시작했습니다.

이런 사정으로 화교들 가운데 음식점 요리사로 취직하거나 음식점을 운영하는 사람의 비율은 오히려 1949년 40.3퍼센트에서 1958년에는 58.2퍼센트로 크게 늘었어요. 그리고 1964년에는 66.8퍼센트, 1972년에는 77퍼센트로 늘었답니다.

화교들은 고향을 떠나오면서 세 자루의 칼을 가지고 왔다고 합니다. 옷감을 자르는 칼, 머리 깎는 칼, 그리고 마지막 하나는 요리할 때 쓰는 칼이지요. 한국에 들어와 옷감을 팔고 이발소 등을 운영하며 터전을 다져 왔던 화교들이 한국에서 살아남기 위해 마지막 칼을 빼 든 것입니다.

한국식 짜장면 맛의 비밀, 춘장

한국식 짜장면이 까매진 건 내 덕이지!

한국전쟁 전까지만 해도 화교들은 음식 재료를 중국에서 가져다 썼습니다. 하지만 전쟁으로 한국과 중국의 교류가 끊어진 뒤로는 그럴 수가 없었습니다. 짜장면의 첨면장도 이제는 직접 담가 먹어야 했지요. 때마침 산동 출신 화교가 '영화장유'라는 식품 회사를 세우고 우리나라에서는 처음으로 첨면장을 만들어 팔기 시작했습니다. 제품의 이름은 '사자표 춘장'. 영화장유는 '영화식품'으로 이름을 바꾸어 지금까지 3대째 가업을 이어 가고 있는데, 사자표 춘장은 여전히 우리나라에서 가장 많이 팔린다고 하네요.

영화식품에서 생산하는 춘장의 색깔은 짙은 검은색입니다. 그런데 춘장이 처음부터 이렇게 까맣지는 않았습니다. 영화식품의 3대 사장인 왕학보 씨가 춘장이 검게 변한 사연을 들려주었습니다.

"처음에는 산동의 첨면장과 같은 방식으로 장을 만들어 보급했지요. 그런데 어느 날, 경쟁업체에서 캐러멜을 넣은 장을 만들어 팔기 시작했어요.

그러면서 선전하기를 발효가 잘되어 색깔이 검다고 한 거죠. 그래서 우리 회사의 춘장 판매량이 뚝 떨어졌어요. 우리도 장사를 해야 하기에 하는 수 없이 캐러멜을 넣어 춘장을 만들기 시작했지요. 지금은 천연 재료로 만든 캐러멜을 쓰고 있습니다."

우리나라 짜장면의 검은색은 이렇게 만들어졌어요. 춘장을 처음 시장에 팔 때에는 이름도 산동식으로 '麵醬(면장)'이라고 한자로 적었습니다. 그런데 이승만 대통령이 제품의 이름을 한자로 쓰지 못하게 하는 바람에 한글로 '춘장'이라 썼다고 합니다.

짜장면의 재료이자, 중국음식점에서 양파와 단무지에 곁들여 나오는 까만색 장인 춘장. 그 이름은 어디에서 온 것일까요? 여러 가지 설 가운데 하나를 소개하면 이렇습니다.

산동 사람들은 짜지앙미엔을 먹을 때 대파를 첨면장에 찍어 반찬처럼 먹습니다. 그래서 첨면장은 파를 찍어 먹는 장이라 하여 대파를 뜻하는 '총(蔥)' 자를 써서 '총장'이라 부르기도 했어요. 그런데 총장이라는 말이 우리나라 사람들에게는 '춘장'으로 들렸던 모양입니다. 따지고 보면 산동의 면장과 우리나라의 춘장이 뿌리는 같지만, 만드는 재료나 방법은 조금 다릅니다. 그러니 이름도 다르게 불리는 게 맞겠지요.

음식의 이동

이번엔 어디로 가 볼까?

오늘 점심에는 어떤 음식을 먹었나요? 우리가 먹는 음식들을 가만히 따져 보면 외국에서 들어온 것들이 참 많습니다. 햄버거, 스테이크, 스파게티 따위가 다 그렇지요. 이런 음식들은 어떻게 우리나라에 들어오게 되었을까요?

요즘에는 여행이나 공부, 사업 등 여러 이유로 외국에 나가는 우리나라 사람이 많고, 우리나라에서 생활하는 외국인도 참 많습니다. 이렇게 오고 가는 사람들이 많으니 자연히 음식도 이 나라에서 저 나라로 옮겨 다닙니다.

발도 없는 음식이 움직이다니 이상하지요. 왜 그럴까요? 사람들의 입맛이 쉽게 바뀌지 않기 때문입니다. 누구나 늘 먹던 음식을 그리워하게 마련이지요.

난 이탈리아가 고향이지~

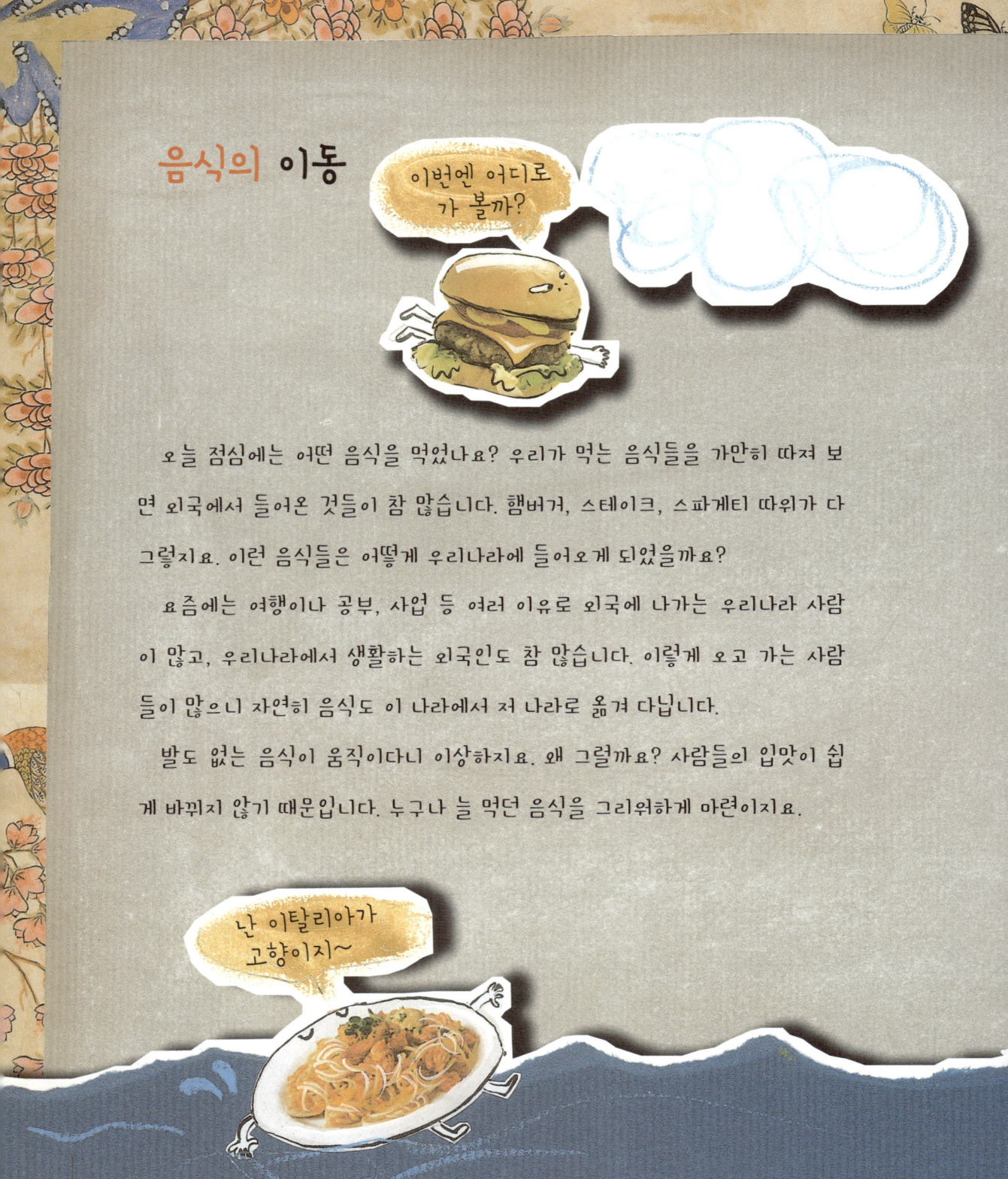

하지만 때로는 새로운 맛과 낯선 음식을 찾기도 합니다. 오래 고향을 떠나 있으면 고향의 음식을 먹고 싶고, 고향에 돌아오면 외국에서 먹었던 색다른 음식이 자꾸 생각나는 거예요. 그러다 보니 음식이 사람과 함께 이동하는 거지요.

외국과 교류가 많지 않았던 옛날에는 전쟁 같은 대규모 인구 이동이 음식의 이동에 큰 역할을 했습니다. 우리나라에서 소주라는 술이 유행하고, 설렁탕 같은 고깃국 요리법이 전래된 것은 고려 시대에 몽골이 우리나라를 침략했을 때부터라고 해요.

이처럼 음식이 이동한 길을 따라가다 보면 국경을 넘나들었던 사람들의 삶과 자취를 읽을 수 있답니다.

난 비행기 기내식으로도 나온다구!

짜장면 안 먹어 봤으면 촌사람

달큰한 짜장면~

한국전쟁 뒤에 많은 화교들이 한국을 떠났고, 남은 화교들은 대부분 음식점을 냈습니다. 그러니 화교들에게만 음식을 팔아서는 먹고살 수가 없었어요. 되도록 많은 한국 사람들에게 음식을 팔아야 했습니다.

이때부터 중국 음식은 한국 사람들의 입맛에 맞게끔 빠르게 변해 갔습니다. 느끼한 것을 싫어하는 한국 사람들의 입맛에 맞추어 기름을 적게 쓰고, 향이 강한 향신료는 쓰지 않았어요. 짜장면도 변했지요. 산동의 짜지앙미엔과는 사뭇 다른 한국식 짜장면이 이때부터 선보이기 시작했습니다.

산동의 짜지앙미엔은 산동 사람들이 집에서 가끔씩 해 먹던 음식입니다. 하지만 한국식 짜장면은 처음부터 음식점에서 팔기 위해 만들어진 음식이에요. 그러니 한꺼번에 많이 그리고 빨리 만들어야 했지요.

장을 볶을 때 채소나 고기를 넉넉히 넣고 물을 붓고 끓이다가, 녹말을 넣으면 소스가 걸쭉해지면서 양도 훨씬 많아집니다. 이런 소스만 있으면 짜장면 만들기는 쉬워요. 손님이 오는 대로 면만 삶아 소스를 끼얹어 내면 되니까요. 빨리 만들 수 있으니, 아무리 사람들이 많이 몰려도 오래 기다릴 필요가 없습니다. 따뜻하기는 하지만 뜨겁지 않고, 자극적인 맛도 전혀 없으니 먹기도 쉽지요. 빨리 만들어 빨리 먹을 수 있으니, 바쁘게 일하는 사람들에게는 딱 좋은 음식입니다.

너나없이 힘겹고 먹을 것도 귀했던 때라 음식은 뭐니 뭐니 해도 배부른 게 최고였어요. 기름을 넉넉히 붓고 장을 볶은 데다 고기와 각종 채소까지 더해, 짜장면 한 그릇 먹고 나면 한참 동안이나 배가 든든했습니다. 고소하고 부드러운 기름 맛에다 달큰하면서도 쌉쌀한 장맛이 어우러진 소스는 맵고 짠 음식이 대부분인 우리나라 음식에서는 경험하지 못한 새로운 맛이었지요. 짜장면은 순식간에 우리나라 사람들의 입맛을 사로잡아 유행처럼 나라 곳곳으로 퍼져 나갔습니다.

흔히들 유행에 뒤지면 촌사람이라고 합니다. 아마도 그 시절 사람들은 짜장면을 먹어 보았는지 아닌지로 촌사람인가 아닌가를 판가름하지 않았을까요?

자장면이에요, 짜장면이에요?

자장면으로 써야 하는지, 짜장면으로 써야 하는지 표기법이 영 헷갈린다는 사람들이 많습니다. 자장면이 표준어가 된 것은 1986년 개정된 외래어 표기법에 따른 것입니다. '외래어를 표기할 때 된소리는 적지 않는다.'는 외래어 표기법에 따라 자장면이라 적게 된 것이었지요.

하지만 국립국어원의 이런 규정을 못마땅하게 여기는 사람들이 많았습니다. 우리나라 사람들 대부분이 짜장면이라고 말하고, 중국어 발음도 짜장면에 가깝게 들린다는 이유에서지요. 오죽했으면 '짜장면되찾기국민운동본부'라는 인터넷 카페가 생겨나기도 했겠어요. 이 카페는 자장면에게 빼앗긴 짜장면이라는 우리 고유의 명칭을 되찾겠다는 비장한 각오까지 밝혔지요.

안도현 시인은 중국집 배달원 소년의 성장기를 그린 어른 동화 《짜장면》에서 "어떤 글을 쓰더라도 짜장면을 자장면으로 표기하지는 않을 작정"이라고 쓰기도 했습니다. "'짜'라는 된소리로 인해 우리 기억 속에 배어 있는 그 냄새가 훨

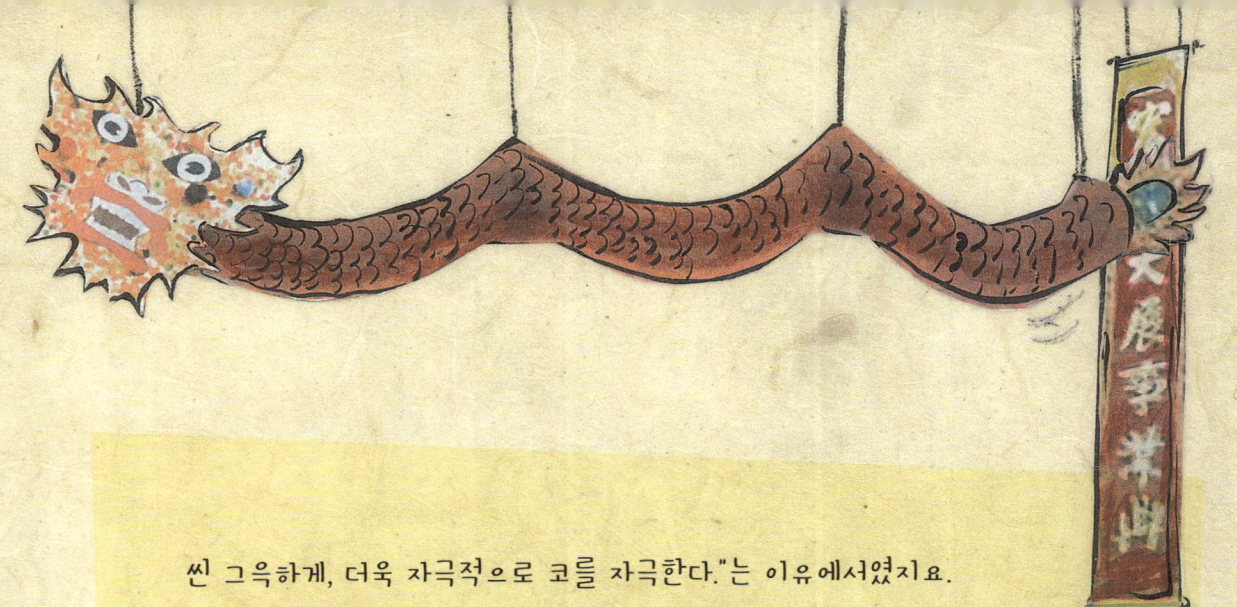

씬 그윽하게, 더욱 자극적으로 코를 자극한다."는 이유에서였지요.

그리고 이현의 동화 《짜장면 불어요!》에서 중국집 배달원은 아르바이트를 하는 주인공 소년에게 다음과 같이 말합니다. "야 인마, 자장면이 뭐냐, 자장면이? 불어 터진 면발 같은 소리 하고 있네. (…) 짬뽕은 짬뽕인데, 왜 짜장면만 자장면이라는 거야?"

그런데 2011년 8월 31일, 정말 반가운 소식이 들려왔습니다. 국립국어원이 그동안 표준어로 쓰던 자장면 외에 짜장면도 공식 표준어로 인정한 것이지요. 그러자 네티즌들은 "정말 맛있는 이름을 되찾았다."며 일제히 환영했습니다. "말 나온 김에 짜장면 먹으러 가자."며 중국집을 찾는 손님도 늘어 다음 날에는 전국적으로 짜장면이 평소보다 30퍼센트나 더 팔리기도 했답니다.

아참, 국립국어원에서는 일상에서 흔히 사용되고 있지만 그동안 표준어로 인정되지 않던 여러 낱말들도 표준어에 넣기로 했다고 밝혔어요. 예를 들면, '복사뼈'와 '복숭아뼈', '목물'과 '등물', '허섭스레기'와 '허접쓰레기', '토담'과 '흙담', '괴발개발'과 '개발새발' 등이 표준어로 함께 쓰이게 되었답니다.

"짜장면이 우리 입맛에 맞게 바뀐 건 좋은데, 그 이유를 알고 나니 왠지 미안한 생각도 드네요."
"그러게나 말이다. 화교들이 한국에서 살아남기 위해 만들어 낸 한국 짜장면에는 그들의 한숨과 눈물이 들어 있는 것 같아."
"그런데 우리 정부는 왜 그렇게 화교들을 힘들게 했을까요?"
"전쟁을 겪고 나서 살기 어려워서가 아니었을까? 외국에서 온 사람들의 삶이나 권리를 생각할 겨를이 없었던 거겠지. 함께 잘사는 방법을 찾을 수도 있었을 텐데 말이야."

3 짜장면 전성시대

"맞아요. 하지만 그 덕분에 우리가 지금 먹는 짜장면이 탄생했으니까 그 점은 고마워해야 하려나?"
"하하하, 나도 헷갈리는데. 분명한 건 한국식 짜장면의 전성시대는 바로 아빠의 전성시대였다는 말씀!"
"우리 아빠 또 시작이다. 그 얘기는 아흔두 번만 더 들으면 백 번이라고요."
"아무튼 그 시절에 짜장면은 인기 최고였어. 외식 하면 무조건 짜장면이었으니까."
"그럼 그땐 짜장면보다 더 맛있는 음식이 없었나요?"

짜장면 먹는 날은 최고의 날

한국전쟁이 끝난 뒤, 화교들이 만든 한국식 짜장면은 빠른 속도로 한국 사람들의 입맛을 점령했습니다. 중국 음식점도 계속 늘어나, 1948년에는 전국에 332곳이던 것이 1958년에는 1,702곳으로 늘더니, 1960년대 후반에는 한때 4,000여 곳에 이르렀지요.

짜장면이 한창 많이 팔릴 무렵인 1970년대에 명동의 중화관이나 을지로의 안동장 같은 이름난 중국음식점에서는 하루에 밀가루 20포대를 썼다고 합니다. 밀가루 한 포대로 짜장면 120그릇 정도를 만들었다고 하니, 식당 한 군데에서 하루 평균 2,000그릇을 넘게 팔았다는 얘기지요.

그 시절에 짜장면은 기념일의 음식이자 최고의 외식 메뉴였습니다. 아빠의 월급날이나 가족의 생일, 어린이날 같은 특별한 날에 온 가족이 함께 가는 곳도 다름 아닌 중국음식점이었습니다. 성적이 올랐거나 상장이라도 받은 날에 엄마가 주시는 최고의 상도 짜장면 한 그릇이었지요.

졸업식이나 입학식 날은 온 동네 사람들이 짜장면 먹는 날 같았습니다. 식을 마친 학생과 학부모들이 한꺼번에 몰려들어 음식점은 북새통을 이루었고, 차례를 기다리는 사람들이 문 앞에 길게 줄을 서 있고는 했지요.

　조심을 한다고 해도, 짜장면을 먹으면 소스가 입가에 묻기 쉽습니다. 시커먼 짜장 소스를 입가에 묻힌 채 아이들은 마냥 좋아 싱글벙글했고, 그 모습을 보며 부모들은 뿌듯해했습니다. 연인들은 입가에 묻은 짜장 소스를 서로 닦아 주며 사랑을 키웠습니다.

　대학생들은 중국음식점의 뒷방에서 짜장면으로 배를 채운 다음, 덤으로 얻은 짬뽕 국물을 안주 삼아 소주잔을 기울였습니다. 그러다 돈이 모자라면 학생증을 맡기거나 손목에 차고 있던 시계를 풀어 놓기도 했지요.

　들뜬 기분으로 짜장면 먹으러 가던 길, 반죽 내리치는 소리를 들으며 짜장면이 나오기를 기다리던 때의 설렘, 입에 넣는 순간 착 감기는 낯설고도 황홀한 맛. 짜장면은 이처럼 설레고 기쁜 추억과 함께 잊을 수 없는 맛과 냄새로 사람들의 기억 속에 깊이깊이 자리 잡았습니다.

이제 짜장면 먹으러 가요!

짜장면, 외식 메뉴의 톱스타 되다

먹을 것이 귀해 배를 곯을 때에는 당장 배고픔을 면하는 것이 먼저지만, 배고픔이 해결되고 나면 색다르고 맛있는 음식이 먹고 싶어지는 게 사람 마음인가 봅니다.

1960년대부터 빠르게 진행된 경제 개발 정책으로 서울을 비롯한 대도시에 대규모 공단이 속속 생겨났습니다. 그러자 많은 농촌 사람들이 일자리를 찾아 도시로 몰려들기 시작했어요. 빠듯하긴 하지만 일정한 월급을 받아 생활하면서 끼니 걱정을 덜게 되자, 도시 서민들 사이에 외식 문화가 생겨났습니다. 그전까지만 해도 돈 내고 음식을 사 먹는 일이 흔치 않았거든요. 그럴 만한 여유도 없었고 만만한 식당도 없었지요.

이 무렵부터는 도시 서민들도 집에서 늘 먹는 음식이 아닌 색다른 음식을 찾기 시작했습니다. 외식은 가족의 즐거운 나들이였고, 아버지들의 의무처럼 여겨지기도 했어요.

온 가족이 깨끗한 옷을 차려입고 외식을 하러 집을 나섭니다. 어디로 갈까요? 양식집은 많지도 않거니와 값이 비싸서 아예 생각도 하지 않습니다. 일본 문화에 대한 거부감이 컸을 때라 일본 음식을 파는 식당도, 먹는 사람도 많지 않았어요. 한식집에는 곰탕, 설렁탕, 해장국 같은 술안주가 대부분이어서 온 가족이 함께 먹을 만한 메뉴가 없었습니다.

벼르고 벼르다 외식을 나선 가족들이 원하는 것은 값이 부담스럽지 않으면서도 집에서는 먹기 힘든 색다른 음식입니다. 세 살 아이부터 여든 살 할머니까지 모두가 맛있게 먹는 음식이면 더 좋겠지요. 과연 무엇일까요? 그렇습니다. 정답은 짜장면입니다. 가족들은 고민할 것도 없이 짜장면을 파는 중국음식점으로 걸음을 옮겼습니다.

이처럼 도시화, 산업화로 생겨난 외식 문화에 힘입어 짜장면은 외식 메뉴의 톱스타로 자리를 잡았습니다. 바야흐로 짜장면 전성시대가 열린 것이지요.

짜장면 먹을까, 짬뽕 먹을까?

짬뽕을 좋아하나요? 우리나라 중국음식점에서 파는 짬뽕은 고추기름을 넣어 아주 맵게 만든 음식입니다. 하지만 그 매운맛 때문에 '국물이 시원하다'며 좋아하는 사람이 많습니다. 중국음식점에 가면 짜장면 먹을까, 짬뽕 먹을까 오락가락 하는 마음 때문에 한참을 고민하곤 하지요. 오죽하면 짜장면과 짬뽕을 반반씩 주는 '짬짜면'이라는 메뉴가 등장했겠어요.

짜장면의 인기에는 못 미치지만 짬뽕 역시 우리나라 중국음식점의 대표 메뉴입니다. 그런데 이게 웬일일까요. 중국에는 짬뽕이라는 음식이 아예 없어요. 짬뽕의 원조를 찾으려면 중국이 아니라 일본 나가사키로 가야 한답니다.

짬뽕은 19세기 후반 일본 나가사키에 살던 화교 천핑순(일본 이름은 진헤이준)이 개발한 음식이라고 합니다. 천핑순은 중국 푸젠 성 출신으로, 나가사키에서 '시카이로'라는 중국음식점을 운영했어요. 그러다 중국인 유학생과 노동자 들이 돈이 없어 밥을 제대로 못 사 먹는 것을 보게 되었지요. 그래서 음식을 하고 남은 재료를 이용해 값싸고 푸짐한 음식을 만들었는데, 이게 바로 짬뽕이랍니다. 짬뽕은 닭 뼈나 돼지 뼈를 푹 고아 만든 육수에 채소, 해물, 고기를 볶아 얹고 국수를 넣어 끓인 음식입니다.

짬뽕이라는 이름은 어떻게 해서 생겼을까 궁금하지요? 짬뽕은 '밥 먹었느냐'는 뜻을 가진 중국말 '츠판(吃飯)'에서 왔대요. 푸젠 성 사투리로는 '츠판'을 '샤뽕'이라고 하고요. 음식점 주인이 배가 고파 보이는 중국 사람들에게 '샤뽕?' '샤뽕?' 하던 것이 일본어로 '찬폰'이 되고, 우리나라에 들어와 '짬뽕'이 된 거지요.

짬뽕은 싸고 푸짐한 데다 영양도 풍부해, 중국 사람들뿐만 아니라 일본 사람들에게도 큰 인기를 끌었답니다. 그래서 이내 나가사키의 명물로 자리를 잡았지요. 천핑순의 음식점 시카이로는 지금도 그 후손들이 운영하고 있는데, 식당 2층에는 짬뽕박물관까지 있답니다.

그런데 나가사키 짬뽕은 우리나라 짬뽕과는 좀 다릅니다. 국물이 빨간색이 아니라 맑아요. 맵지도 않고요. 그러니까 우리나라 중국음식점에서 파는 짬뽕은 나가사키 짬뽕을 우리나라 사람들의 입맛에 맞게 매운 맛으로 바꾼 한국식 짬뽕이랍니다.

쌀밥 대신 짜장면을 먹어라

해방의 기쁨이 채 가시기도 전에 한국전쟁을 겪은 우리나라는 식량이 부족해 많은 사람들이 배를 곯았습니다. 씨앗을 뿌리는 이른 봄부터 보리 이삭이 영그는 초여름 전까지는 수확할 곡식이 없으니 먹을 것이 더 없었지요. 이맘때를 보릿고개라 불렀는데, 많은 사람들이 나물죽을 끓여 먹고 나

무껍질까지 벗겨 먹어 가며 보릿고개를 넘기고는 했습니다.

식량난에 시달리는 우리나라에 미국은 자기 나라에서는 남아도는 곡물 약 60만 톤을 보내 주었습니다. 그 가운데 70퍼센트가 밀이었어요. 그래서 밀을 소비하기 위해 정부에서는 혼·분식 장려 운동을 펼쳤습니다. 우리나라 사람들은 원래 쌀밥을 주식으로 하는데, 그럴 게 아니라 보리나 다른 곡식을 밥에 섞어 먹거나(혼식), 밀가루로 음식을 만들어 먹자는(분식) 운동이었지요.

'혼식으로 부강 찾고 분식으로 건강 찾자.', '혼·분식하여 건강 찾고 외화를 절약하자.' 같은 구호들이 여기저기 내걸렸고 '식생활 개선 전국 주부 단합대회'가 열리기도 했습니다. 학교에서는 선생님이 학생들의 도시락을 일일이 검사했어요. 쌀과 보리의 혼합 비율을 7:3으로 정하고, 잘 지켰는지 확인했지요. 쌀이 너무 많으면 벌을 세우거나, 보리가 많은 다른 학생의 밥과 섞어 먹게도 했어요.

1964년 1월 24일부터는 모든 식당에서 보리와 국수를 25퍼센트 이상 혼합해서 팔도록 했습니다. 설렁탕에 국수가 들어가기 시작한 것도 이 무렵부터랍니다.

1969년부터는 일주일에 이틀씩 아예 분식만 먹게 했습니다. 매주 수요일과 토요일을 무미일(無米日)이라고 해서 '쌀을 먹지 않는 날'로 정한 것입니다. 1971년 11월부터는 모든 식당에서 오전 11시부터 오후 5시까지 쌀로 만든 음식을 팔지 못하게 했습니다. 이러한 혼·분식 장려 운동은 1977년까지 계속되었습니다.

　밀가루 소비를 늘리기 위해 정부에서 아예 쌀밥을 안 먹는 날까지 정했다는 것은 요즘으로서는 상상하기 힘든 일입니다. 요즘에는 도리어 쌀 소비가 줄어들어 걱정이 많으니까요. 쌀로 국수를 만드느니 막걸리를 만드느니 하고 있잖아요? 농업 기술의 발달로 쌀 수확량이 늘고 다른 먹을거리가 많아진 탓도 있겠지만, 이때의 혼·분식 장려 운동이 우리나라 사람들의 입맛이나 식습관을 바꾸어 놓은 것은 아닐까요. 밥보다 빵이나 면류를 더 즐겨 먹도록 말이지요.

　강력한 혼·분식 장려 운동 덕분에 과자, 빵, 라면이나 국수 등 밀가루를 원료로 하는 음식들은 불티나게 팔렸습니다. 중국음식점도 그 덕을 톡톡히 보았지요. 무미일이면 한식집이나 일식집은 아예 문을 닫거나 밥을 대신할 메뉴를 만들어 내느라 진땀을 뺐습니다. 그러나 중국음식점에서는 즐거운 비명을 질렀지요. 사람들이 몰려드는 통에 눈코 뜰 새 없이 짜장면과 우동을 만들어야 했기 때문입니다.

짜장라면의 탄생

짜장면의 인기에 힘입어 1970년에는 인스턴트 짜장면도 등장했어요. 지금은 '농심'으로 이름을 바꾼 롯데공업이 1970년 2월에 첫선을 보였지요. 셀로판지 포장에 값은 30원, 분량은 라면보다 10그램 많은 130그램이었어요. 경쟁업체인 삼양라면에서도 이에 질세라 바로 한 달 뒤 인스턴트 짜장면을 내놓았습니다. 1970년 3월 9일자의 한 신문은 삼양라면에서 짜장라면이 나왔다는 소식을 전하며, "매콤한 맛이 나는 사천 요리를 본뜬 것으로 라드 유(돼지기름을 정제한 것)에 튀겨 열량이 라면보다 더 우수하다."고 소개합니다.

돼지기름이라는 말에 혹시 '웩!' 하는 건 아니겠지요. 그 당시만 해도 요리에 쓰는 기름은 참기름이나 들기름, 돼지기름이 다였습니다. 음식에 넣는 기름은 참기름이나 들기름을 썼지만, 기름을 넉넉히 넣고 부치거나 볶거나 튀기는 음식을

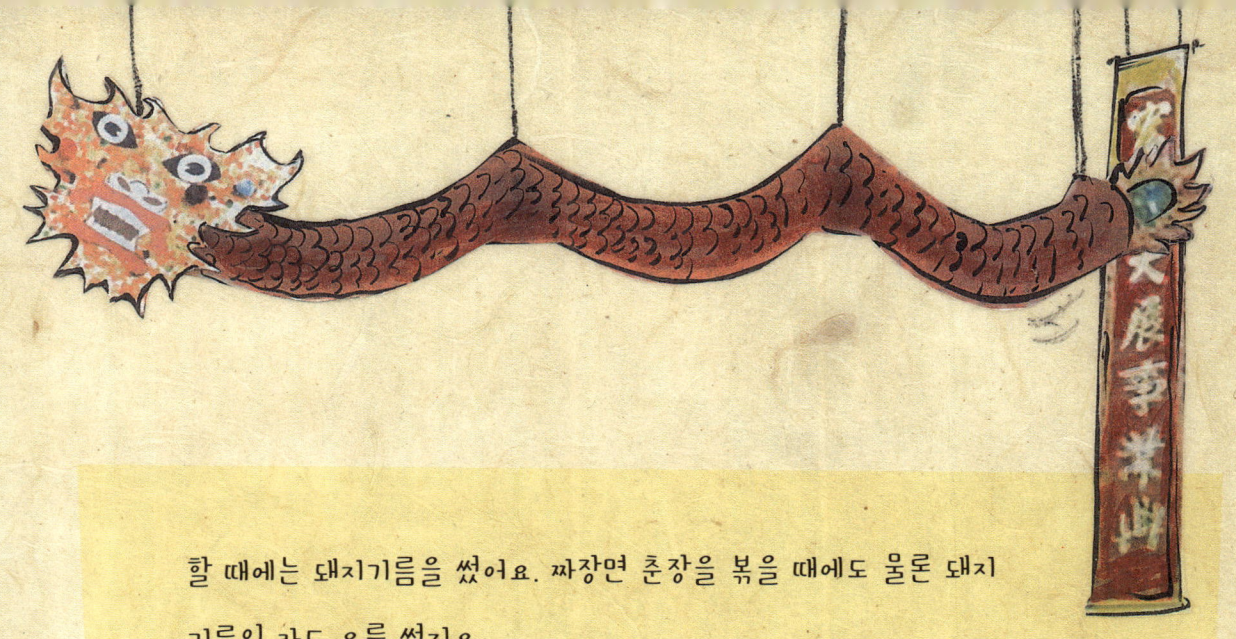

할 때에는 돼지기름을 썼어요. 짜장면 춘장을 볶을 때에도 물론 돼지기름인 라드 유를 썼지요.

그때에는 지금처럼 고기류나 기름진 음식을 많이 먹지 않았기 때문에 돼지기름으로 음식을 하는 것이 문제가 되지 않았어요. 요즘이라면 난리가 나겠지요. 동물성 지방을 많이 섭취하면 콜레스테롤 수치를 높여서 몸에 좋지 않다고 하니까 말이에요.

우리나라에서는 1967년 신동방(옛 동방유량)이 처음으로 콩기름을 만들어 팔기 시작했습니다. 그러나 기름이 많이 들어가는 음식에 돼지기름 대신 콩기름을 쓰는 것이 대중화된 건 이보다 한참 뒤일 거예요. 또 하나, 요즘에는 살찌는 것이 두려워 열량이 낮은 음식을 찾잖아요. 하지만 예전에는 열량이 높다는 걸 광고로 내세울 정도였으니, 음식을 선택하는 기준이 참 많이 달라진 셈입니다.

보너스 정보 하나 더. 우리나라에 인스턴트 라면이 첫선을 보인 것은 1963년 삼양라면으로, 값은 한 개당 10원이었습니다. 그 당시 짜장면 값은 대략 30원 정도였답니다.

"그땐 정말 짜장면만 한 음식이 없었군요."
"당연하지. 특별한 날에만 짜장면을 먹었으니까. 지금도 짜장면을 생각하면 행복했던 추억까지 함께 떠오른단다."
"아하, 그래서 아빠가 짜장면을 그렇게 좋아하시는구나. 그런데 요즘엔 짜장면이 그렇게 특별한 음식으로 여겨지지 않잖아요. 갈비, 불고기, 피자, 스파게티……. 짜장면은 5위 정도 되려나."

4 축제의 음식에서
일상의 음식으로

"아, 슬프도다. 짜장면은 정녕 화려한 옛 시절이나 되새기는 신세가 되고 만 건가!"

"에이, 아빠, 그러다 우시겠어요. 그래도 다섯 손가락 안에는 들잖아요. 그런데 왜 요즘엔 짜장면의 인기가 예전 같지 않은지 궁금한걸요."

"정말 짜장면이 왜 이렇게 됐지? 아빠가 어릴 때만 해도 '짜장면 먹으러 갈까?' 하면 '와!' 하고 환호했는데 말이야."

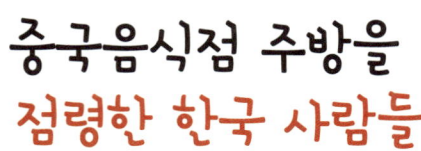

중국음식점 주방을 점령한 한국 사람들

짜장면은 자주 먹을 수 없어서 더 간절했던 음식이었어요. 하지만 그 인기가 쭉 이어지지는 않았습니다. 1970년대 중반을 넘어서면서 짜장면에 대한 대접이 눈에 띄게 달라지기 시작했거든요. 짜장면에 열광하는 사람들이 줄어들고, 오히려 '짜장면으로 한 끼를 때웠다.'는 말이 나오기 시작했습니다. '때우다'라는 말은 대단치 않은 음식으로 그저 배고픔이나 면했을 때에나 쓰는 말입니다. 그러니까 짜장면이 '대단치 않은 음식'이 되고 만 겁니다.

왜 이렇게 되었을까요? 이 무렵 짜장면을 둘러싸고 일어난 변화들을 살펴봅시다. 가장 먼저 눈에 띄는 변화는 짜장면 만드는 사람들이 달라진 거예요. 짜장면이 처음 우리나라에 들어왔을 때에도, 외식의 원조이자 톱스타로 인기를 누릴 때에도 짜장면을 만드는 사람은 화교였습니다. 하지만 시간이 지나면서 사정이 달라졌어요. 중국 음식을 만드는 한국 사람들이 점점 늘어나게 된 것이지요.

한국 사람들은 처음에는 중국음식점의 종업원으로 시작했습니다. 배달을 하고, 손님들의 탁자에 음식을 내놓고, 주방에서 잔심부름을 했지요. 그러다 차차 요리를 배웠고, 돈이 모이면서 직접 중국음식점을 차렸어요.

이 때문에 중국음식점은 갈수록 늘어났는데, 언제부터인가 화교보다 한국 사람이 하는 중국음식점이 훨씬 더 많아졌습니다. 1975년에는 전체 중국음식점의 65퍼센트를 화교가 운영했는데, 1980년에는 25퍼센트, 1985년에는 10퍼센트, 1990년에는 6퍼센트로 줄어들었습니다. 우리나라 중국음식점의 90퍼센트 이상이 한국 사람이 운영하는 곳으로 바뀐 거예요.

요리하는 사람이 바뀌면서 짜장면에도 변화가 생겼습니다. 가장 큰 변화는 짜장면의 색깔입니다. 1960년대까지만 해도 짜장면이 지금처럼 까맣지 않았어요. 짜장면 원래의 맛을 아는 화교 주방장들은 전통 첨면장에다 공장에서 만든 춘장을 반씩 섞거나, 콩을 많이 넣어 요리했습니다. 이

때문에 짜장면은 짙은 갈색을 띠는 정도였지요.

　그러나 대부분의 한국인 주방장들은 짜장면을 만들 때 공장에서 만들어 파는 춘장만 사용했습니다. 캐러멜을 넣어 까맣게 된 춘장만 쓰니, 짜장면도 더 검어질 수밖에 없었겠지요.

　면을 만드는 방식도 달라졌습니다. 중국음식점 주방을 화교들이 맡고 있을 때만 해도 짜장면의 면은 수타면이 대부분이었어요. 수타면이란 손으로 쳐서 만드는 면입니다. 밀가루 반죽을 양손으로 잡고 넓은 판에 쳐 가며 반씩 접어 늘입니다. 그러면 처음엔 한 덩이였던 반죽이 두 줄로, 네 줄로, 그 다음엔 열여섯 줄로 나뉘고, 여덟 번 접으면 2의 8제곱인 256가닥이 됩니다. 가닥이 늘어날수록 면은 가늘어집니다.

　수타면은 아무나 만들 수 있는 것이 아니었어요. 중국음식점에서도 오래 일을 해야 비로소 배울 수 있었답니다. 수타면을 만들 수 있는 주방장은 많지 않았고, 있다 해도 월급을 많이 줘야 했지요. 그런데 때마침 면을 뽑는 기계가 등장하여 대부

분의 중국음식점에서는 수타면 대신 기계면을 쓰기 시작했습니다. 편리한 데다, 수타면 기술자의 월급을 아낄 수 있었기 때문이지요.

   예전엔 중국음식점에 가서 짜장면을 시키면, 주문을 받은 사람이 주방을 향해 큰 소리로 '짜장면이요!' 하고 중국어로 외치고는 했습니다. 그러면 주방에서 면을 뽑기 위해 탕탕! 반죽을 내리치는 소리가 들려왔어요. 하지만 요즘 중국음식점에서는 중국어로 외치는 소리도, 반죽을 내리치는 소리도 듣기 힘들어졌습니다.

짜장면 가격을 잡아라

통계청의 발표에 따르면, 1965년에 평균 35원이었던 짜장면 값이 2008년에는 3,773원으로 108배 가량 올랐습니다. 같은 기간 동안 목욕탕 요금은 30원에서 4,227원으로 무려 141배 가량 올랐습니다. 소비자 물가는 1965년에 비해 31.3배 상승했고, 식료품비 가운데 외식비 비중은 1960년에 비해 38배나 증가했습니다. 1970년에 254달러에 불과했던 국민 소득은 2011년 22,489달러로 증가했지요. 그리고 2011년 기준으로, 짜장면 가격은 전국 평균 4,084원입니다.

통계를 보니 그동안 짜장면 가격이 참 많이도 오른 것 같습니다. 하지만 다른 외식 음식과 비교하면 짜장면 가격은 늘 일정한 선을 지켜 왔습니다. 짜장면은 1960년부터 정부가 가격을 관리해 왔기 때문입니다. 온 국민이 즐겨 먹는 음식이므로 가격을 마음대로 올리면 물가에 큰 영향을 미친다는 이유에서였습니다. 외식 메뉴 가운데 이렇게 오래도록 정부가 가격을 관리한 것은 짜장면뿐입니다. 정부는 짜장면 가격을 마음대로 올린 식당에 세금을 많이 매기거나 위생 검사를 까다롭게 했습니다.

이런 우여곡절 속에서 1950년대 후반만 해도 설렁탕 두 그릇 값이었던 짜장면 가격이 1970년대에는 설렁탕 반 그릇 값으로 뚝 떨어졌습니다. 그러면서 서울 최고급 중국음식점이나 시골 장터에 있는 중국음식점이나, 전국의 짜장면 값이 비슷해졌지요. 덕분에 짜장면은 대도시 고급 아파트에 사는 사모님부터 5일장에 나물 팔러 나온 산골 할머니까지, 온 국민이 비슷한 값을 내고 먹는 '국민 음식'이 될 수 있었습니다.

아쉬운 점은 값만 떨어진 것이 아니라 질도 함께 떨어졌다는 사실입니다. 짜장면 값을 마음대로 올릴 수가 없으니 음식점 주인들은 재료비를 줄여 수익을 낼 수밖에 없었어요. 게다가 짧은 시간 어깨너머로 요리를 배운 요리사들이 프라이팬을 잡는 경우도 늘어났지요. 그런 까닭에 어느 중국음식점을 가나 짜장면 맛이 비슷해졌어요. 주방장의 손맛이 깃든 짜장면을 찾기가 힘들어진 것입니다.

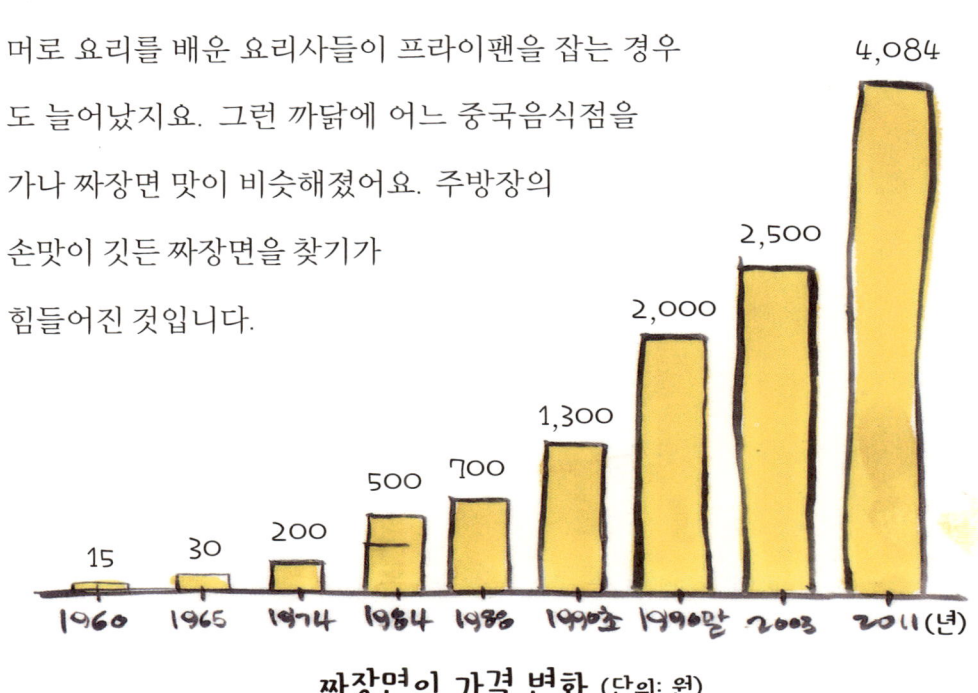

짜장면의 가격 변화 (단위: 원)

단무지 없는 짜장면은 앙꼬 없는 찐빵

단무지 없는 짜장면은 상상할 수도 없지요? 중국음식점에서 단무지를 반찬으로 내기 시작한 것은 1970년대쯤이라고 합니다. 이 무렵에 많이 생겨난 분식집에서 김치보다 값이 싼 단무지를 반찬으로 내놓기 시작했어요. 이걸 보고 중국음식점에서도 단무지를 쓰게 되었답니다. 양파도 이즈음부터 우리나라에서 대량 재배되어 구하기가 쉬워지면서 반찬으로 나오기 시작했대요. 그 전까지는 대파 흰 부분을 얇게 썰어 내놓았다고 하네요.

짜장면 위에 고명을 얹기 시작한 것도 이 무렵부터랍니다. 오이나 삶은 달걀, 메추리알, 완두콩, 옥수수 같은 것들 있잖아요. 원래 짜장면에는 고명이 없었는데, 요리에 고명을 얹어 내는 우리 음식 문화에 맞추어 변한 거지요. 고명으로 어떤 것을 올리는가는 주방장 마음대로였답니다.

단무지는 원래 일본 음식입니다. 우리로 치면 무김치나 무장아찌쯤 되겠지요. 단무지가 우리나라에 들어온 것은 일제 강점기 때예요. 우리나라에 일본 사람들이 들어와 살게 되면서 일본 음식도 함께 들어왔습니다. 우동, 단팥죽, 어묵, 초밥 등이 모두 이때 들어온 일본 음식이지요. 그 중에서도 특히 어묵이나 단무지

　는 값이 싸서 우리나라 사람들도 즐겨 먹었다고 합니다.

　중국에서 들어온 짜장면과 일본에서 들어온 단무지의 만남이라니, 참 재미있지요? 그러고 보면 우리나라 짜장면은 한국과 중국과 일본, 세 나라의 음식 문화가 우리 입맛에 맞게 적당히 버무려진 삼국 합작 음식입니다.

경쟁자가 너무 많아

1980년대에 접어들면서 짜장면은 더 큰 위기를 맞습니다. 외식 시장에 들도 보도 못한 새로운 경쟁 상대들이 우르르 쏟아져 나왔기 때문입니다.

경제 발전을 위해 모두가 땀 흘려 달려온 덕분에 우리나라는 1980년대에 이르러 국민 소득이 크게 늘었습니다. 1986년 아시안게임, 1988년 올림픽 같은 세계 대회를 치르며 외국과의 교류도 더 잦아졌지요. 그리고 농촌에 살던 사람들이 도시로 몰려들면서 할아버지, 할머니, 고모, 삼촌 등이 함께 살던 대가족이 해체되고 부모와 아이들만 사는 집이 늘었습니다.

자동차를 가진 집도 갈수록 많아져, 주말이면 차를 몰고 외식을 하러 가는 가족들도 늘어났습니다. 이런 가족들을 겨냥해 도심에서 조금 떨어진 곳에는 넓은 주차장을 갖춘 고깃집들이 사람들의 발길을 끌었지요.

그런가 하면 외국계 패스트푸드점도 속속 우리나라에 들어왔습니다. 1979년 롯데리아가 일찌감치 문을 연 데 이어, KFC(1984)와

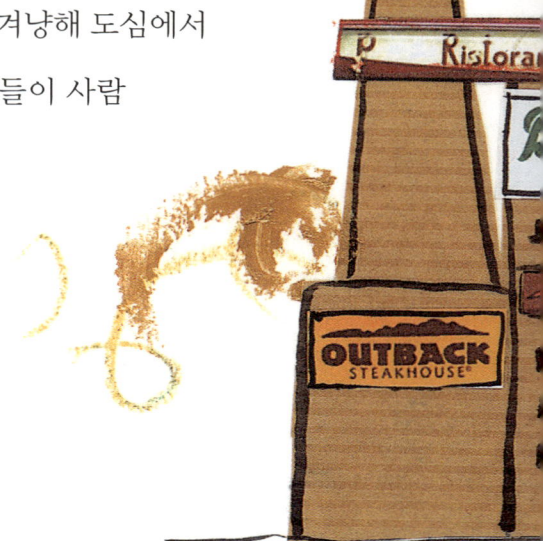

맥도널드(1988) 같은 패스트푸드점들이 우리나라에 1호점을 열었고, 피자헛(1984)도 들어왔어요. 1980년대 후반부터는 외국계 대형 패밀리 레스토랑도 우리나라에 점포를 내고 영업을 시작했습니다. 일본 우동과 이탈리아 파스타 전문점도 1990년대 이후 급격히 늘었지요.

1983년부터 1993년까지 10년 동안 새로 생겨난 외식 업체들을 보면 한식이 3.2배, 일식이 4.1배, 양식이 3.4배나 늘었습니다. 중국음식점은 어땠을까요? 겨우 1.3배 늘어나는 데 그쳤습니다.

이렇게 다양해진 외식 메뉴들의 틈바구니에서 살아남기 위해 짜장면은 힘든 싸움을 벌여야 했습니다.

하림각 남상해 회장 인터뷰
-기적의 짜장면-

 할아버지는 우리나라에서 가장 큰 중국음식점의 회장님이시잖아요. 혹시 화교세요?

 "아니, 내 고향은 경상남도 의령이라는 시골 마을이야. 어릴 적엔 집이 무척 가난했단다. 어린 여동생과 형제 두 명이 제대로 먹지 못해 목숨을 잃었을 정도였어. 그걸 보고는 아홉 살 때 혼자 서울로 올라왔지. 돈을 벌어 가족들을 배불리 먹이고 싶었거든."

 헉, 아홉 살이면 초등학교 2학년밖에 안 되는 나이인데 집을 나오다니……. 그렇게 어린 아이가 어떻게 돈을 벌어요?

"요즘 어린이들로서는 상상하기 힘든 일이지. 무작정 기차를 타고 서울에 오긴 했지만, 무엇을 어떻게 해야 할지 알 수가 없었어. 잠잘 곳이 없어서 서울역 대합실에서도 자고, 산비탈에 땅굴을 파고 거기서 자기도 했지. 신문도 팔고 구두도 닦고 물장수도 하면서 하루하루를 버텼단다. 그러다 우연히 중국음식점 '뽀이'가 되면서 꿈을 갖기 시작했어."

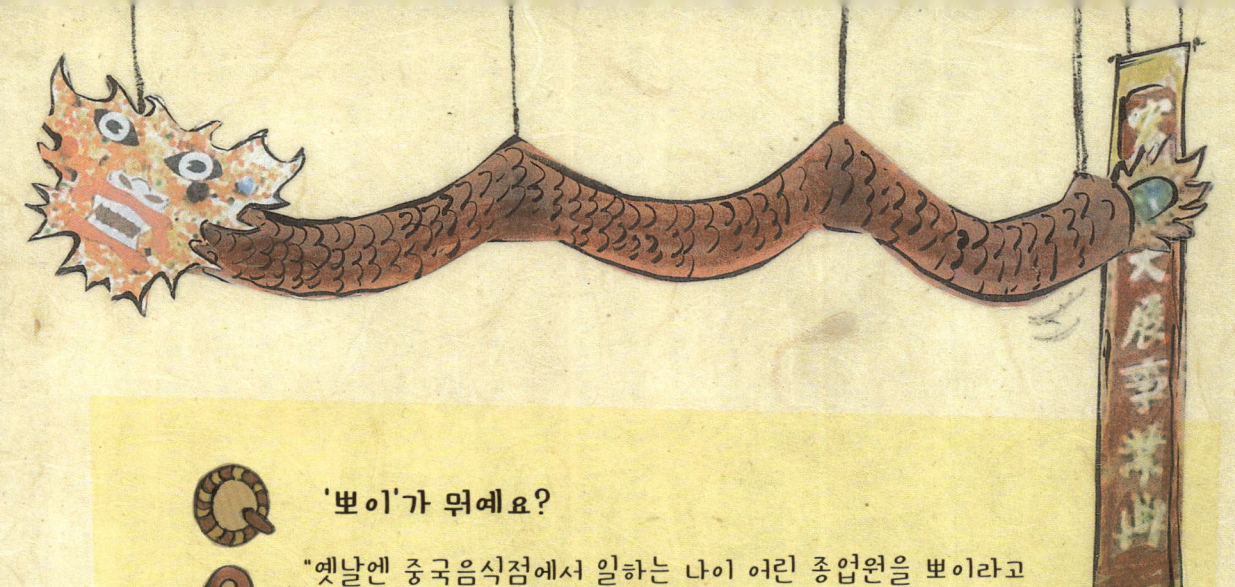

Q. '뽀이'가 뭐예요?

A. "옛날엔 중국음식점에서 일하는 나이 어린 종업원을 뽀이라고 불렀단다. 배달도 하고 설거지도 하고 주방 일도 돕고, 닥치는 대로 일했지. 새벽에 일어나 불을 피우고 청소하고, 밤에도 12시나 되어야 잠들 수 있었어. 하지만 밖에서 자지 않아도 되고 배고프지 않게 먹을 수 있어 정말 좋았단다. 아마 그 시절에 중국음식점 뽀이가 된 사람들은 대부분 나랑 비슷한 처지였을걸."

Q. 힘들어서 그만두고 싶을 때는 없었나요?

A. "음식점 뒷방에서 새우잠을 자고 새벽부터 밤까지 일해야 했으니 힘이 들긴 했지. 하지만 거기서 주저앉을 순 없다고 생각했어. 학교에 다닌 적이 없으니까 혼자서 한글을 깨쳤지. 내가 밤늦게까지 책을 읽는 걸 보고는 주인아저씨가 야학에 보내 줬어. 덕분에 스무 살에 고등학교 졸업장을 땄단다. 요리 공부도 열심히 했지. 20대 후반엔 국제관광공사(지금의 한국관광공사) 시험에 합격해서 유명한 호텔 중국식당의 조리장으로 일하게 되었어."

Q 우아, 대단하네요. 아홉 살에 가출한 아이가 유명한 호텔의 조리장이 되다니. 그 정도만 해도 엄청나게 성공한 것 아닌가요?

A "그렇게 볼 수도 있겠지. 하지만 내 꿈은 중국음식점을 직접 운영하는 거였단다. 착실하게 준비해서 서른 살에 조그마한 중국음식점을 열었어. 꿈을 이룬 거지. 난 세상에서 가장 맛있고 친절한 중국음식점을 만들고 싶었어. 그러기 위해 계속 노력해 왔고, 그건 지금도 마찬가지란다."

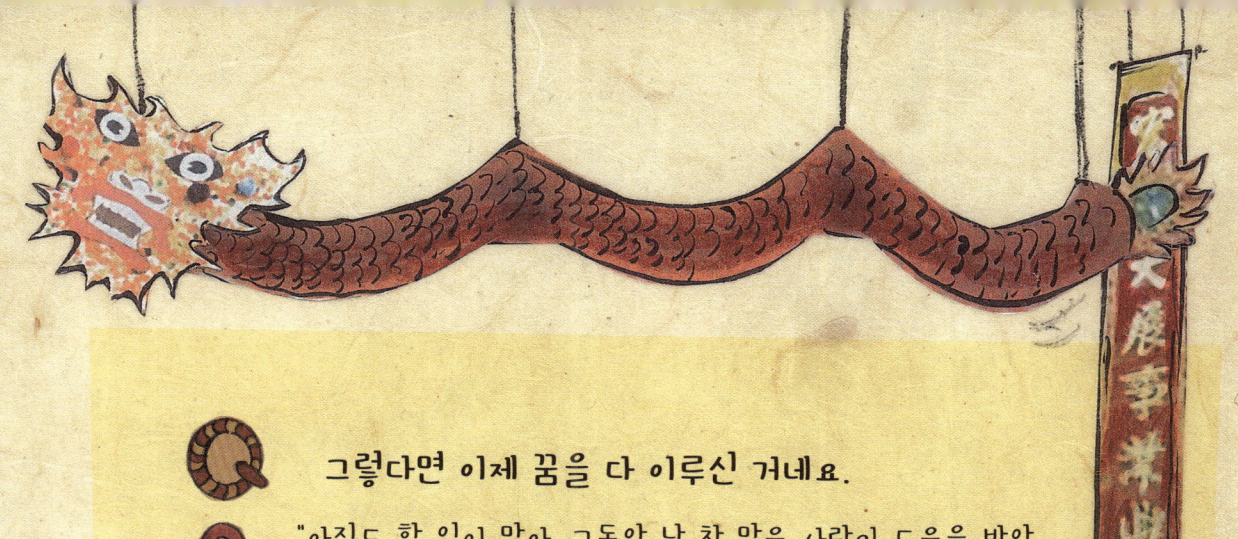

Q 그렇다면 이제 꿈을 다 이루신 거네요.

A "아직도 할 일이 많아. 그동안 난 참 많은 사람의 도움을 받았단다. 서울역 대합실에서 잠자며 일거리를 찾던 나한테 신문팔이를 해 보라고 알려 준 소년도 그렇고, 야학을 다니면서 요리 기술을 배울 수 있게 도와준 중국음식점 주인아저씨도 잊을 수가 없어. 내가 받은 도움을 세상에 다시 되돌려 주는 게 요즘 내가 꿈꾸는 일이란다. 1년에 1만 명씩 어려운 노인 분들을 식당으로 초대해 짜장면을 대접하기도 하고, 시각장애인들이 눈을 뜨게 해 주는 수술도 돕고 있어. 그러면서 내가 받은 은혜를 조금씩 갚고 있단다."

Q 할아버지처럼 성공하려면 어떻게 해야 하나요?

A 너는 성공이 무어라고 생각하니? 꿈을 이루는 게 성공이잖아. 그러려면 먼저 꿈을 가져야 해. 내가 꼭 하고 싶은 일, 이루고 싶은 꿈을 가슴에 품는 거야. 그 다음엔 아무리 힘들고 어려운 일이 닥쳐도 꿈을 잃지 않는 것이 중요하단다. 꿈이 있는 사람은 쉽게 포기하거나 좌절하지 않거든. 그런데 네 꿈은 뭐니?"

천만의 말씀, 만만의 콩떡!
그건 안 되지!

아빠는 곱빼기니까
한입만 덜어 주세요~

퉤! 퉤! 퉤!

"와, 짜장면 왔다!"
"아깐 시큰둥한 것 같더니, 무척 반가워하는구나."
"신기해요. 짜장면 냄새만 맡으면 안 고프던 배도 금방 고파져요."

5 그래도 짜장면은 달린다

"너도 그래? 역시 짜장면에는 중독성이 있다니까. 이런 게 바로 짜장면이 수십 년 동안 사랑받을 수 있었던 비결이 아닐까. 게다가 전화 한 통이면 코앞까지 배달해 주잖아."

"음식점에서 파는 짜장면도 종류가 많던데요?"

"맞아. 삼선짜장, 사천짜장, 쟁반짜장에 뭐 컬러짜장면까지 있다지. 난 그래도 어릴 때부터 먹던 보통 짜장면이 최고 좋아. 중얼중얼······."

"아빠, 안 드세요? 짜장면 다 불어요."

"아참, 그렇지. 뭐야, 넌 벌써 다 먹어 가잖아!"

배달의 기수 한반도를 누비다

요즘에는 식사는 물론이고, 떡볶이나 순대 같은 간식에다 샌드위치까지 배달 안 되는 것이 드물지요. 하지만 1970년대만 해도 음식을 배달시켜 먹는 것은 흔한 풍경이 아니었습니다. 그런데 중국음식점에서 줄어드는 손님을 붙잡기 위해 새로운 서비스를 시작했어요. 바로 음식을 원하는 곳까지 배달해 주는 것이지요.

　짜장면은 이런저런 반찬이 필요 없는 데다 물기가 적어 배달하기에 적당한 음식입니다. 면과 짜장 소스만 준비해 두면 만드는 데 걸리는 시간이 채 3분도 안 돼요. 게다가 만든 지 3분이면 면이 불기 시작하니, 늦어도 5분 안에 배달해야 합니다. 식당까지 가는 시간과 수고로움을 줄이고 싶은 사람들에게는 주문하고 돌아서면 도착하는 짜장면이 더없이 매력적인 음식입니다. 특히 눈코 뜰 새 없이 바쁘게 일하는 사람들에게는 편리하기 그지없지요.

　이 때문에 1970년대 후반 이후에는 점심식사로 짜장면을 배달시켜 먹는 회사원들이 적지 않았습니다. 당연히 직장인들의 점심 메뉴 1위는 짜장면이었어요. 그런가 하면 정해진 근무 시간을 넘기고 밤늦게까지 일하는 사람들도 으레 짜장면을 배달시켜 먹었습니다. 회사원, 공무원, 신문사나 잡지사의 기자, 공장이나 공사 현장의 노동자 등 일의 종류와 관계없이 바쁘게 일하는 사람들은 짜장면을 시켜 손쉽게 허기를 채웠습니다. 그러다 보니 '짜장면으로 끼니를 때우면서 일하는 사람'은 부지런한 사람을 상징하는 말처럼 쓰였답니다.

외식 메뉴로 짜장면의 인기는 한풀 꺾였지만, 배달 짜장면은 전국 방방곡곡으로 퍼져 나갔습니다. 이사하는 날이면 채 풀지 못한 이삿짐 꾸러미 옆에서 짜장면을 먹었고, 농촌의 들판에서도 짜장면을 시켜 새참을 대신했습니다. 운동회가 열리는 학교 운동장, 공원의 잔디밭, 대학교의 연구실, 낚시터, 해수욕장에서도 마찬가지였지요.

십여 년 전, 한 이동통신사에서는 '짜장면 시키신 분~'이라는 말이 들어간 광고를 만들어 인기를 끌었습니다. 망망대해 넓은 바다에서 한 인기 개그맨이 휴대전화로 짜장면을 시킵니다. 짜장면 배달통을 들고 배를 저어 간 또 다른 개그맨이 "짜장면 시키신 분~"을 외칩니다. 바로 그때 걸려오는 전화 한 통. "나, 마라도로 옮겼어!"

짜장면이 전국 어디나 배달된다는 특성을 이용해 전국 어디서나 터지는 휴대전화를 광고한 것입니다. 이 광고가 큰 인기를 끌자, 우리나라에서 가장 남쪽에 있는 섬인 마라도에도 짜장면집이 생겼습니다. 그리고 2012년에는 짜장면을 파는 음식점이 일곱 군데나 되어 경쟁이 몹시 치열하다는

군요.

　얼마 전 한 방송 프로그램에서 짜장면을 시키면 어디까지 배달해 주는지 실험을 한 적이 있습니다. 공중화장실, 산꼭대기, 들판……. 모두 설마 거기까지 배달을 해 줄까 싶은 곳들이었지요. 결과는? '모두 배달해 준다.'입니다. 대한민국 배달맨들, 정말 대단하지요? 그러고 보면 휴대전화와 짜장면은 떼려야 뗄 수 없는 관계입니다.

나, 마라도로 옮겼어!

철가방의 탄생

철가방은 우리나라에만 있는 음식 배달통입니다. 만약 외국에서 이런 철가방을 보았다면, 그건 틀림없이 우리나라 것을 가져갔거나 따라 만든 걸 거예요.

누가 언제 철가방을 만들었는지는 아무도 모릅니다. 누군가 이렇게 만들면 좋겠다고 생각해서 만들었고, 사용하기 편리하니 너도나도 만들어 쓰기 시작했겠지요. 은색의 번쩍거리는 배달통을 철가방이라 부르지만, 실제로는 철이 아니고 알루미늄입니다. 알루미늄이라 가볍고, 양념이 쏟아져도 물로 쓱 씻으면 금방 씻기고, 찌그러져도 망치로 통통 때리면 다시 펴지니 참 좋습니다. 뚜껑을 위에서 여는 게 아니라 옆면을 밀어 올려 여니 음식 꺼내기도 편하고, 아무리 덜컹거려도 뚜껑이 열릴 염려가 없지요.

철가방이 나오기 전에는 음식 배달을 하지 않았느냐고요? 그렇지는 않아요. 일제 강점기에도 좀 산다는 집에서는 특별한 날이면 청요리를 시켜다 집에서 먹기도 했다고 합니다. 그때에는 나무통에 음식을 담아 자전거로 배달을 했어요. 그런데 이

나무통은 무거운 데다 국물이 흐르면 잘 지워지지 않고 냄새도 배어 위생에도 좋지 않았지요.

만약 지금 같은 가벼운 철가방이 개발되지 않았다면, 짜장면 배달하는 분들이 정말 힘들었을 거예요. 나무통만 해도 무거운데, 음식까지 넣어 배달하려면 얼마나 무겁겠어요. 아마 지금처럼 음식을 빨리 배달하기도 어려웠을 겁니다. 그러고 보면 철가방은 빠르고 효율적인 것을 찾는 우리나라 사람들이 만들어 낸 참 멋진 발명품이지요.

철가방은 문화체육관광부 소속 한국디자인문화재단이 선정한 코리아 디자인 목록 52개 가운데 하나로도 뽑혔습니다. '우리 일상생활에 큰 영향을 미쳤을 뿐만 아니라 문화인류학적 소산이라 할 만큼 완전한 디자인'이라는 게 선정 이유입니다.

아참, 철가방에는 짜장면이 몇 그릇이나 들어갈까요? 어느 텔레비전 방송에서 시험해 보았더니, 약 27그릇까지 들어간다네요.

짜장면의 변신은 무죄

하루가 다르게 새로운 메뉴가 등장하는 외식 시장에서 살아남으려면 짜장면도 탈바꿈을 할 수밖에 없습니다. 늘 만들어 온 보통 짜장면만 가지고는 넘쳐나는 다른 먹을거리들과 경쟁을 할 수가 없으니까요. 그래서 중국 음식점에서는 조금 색다르고 고급스러운 짜장면들을 만들어 내기 시작했어요. 이제 짜장면은 종류도 다양해졌고, 가격도 천차만별입니다.

간짜장은 '건(乾)짜장', 그러니까 마른 짜장을 말합니다. 춘장에 채소와 고기를 넣고 볶아서 바로 면에 비벼 먹어요. 물과 전분을 넣지 않아 조금 빡빡하지만 춘장의 맛을 더 진하게 느낄 수 있는 것이 특징입니다. 면과 소스를 따로 주고 가격도 짜장면보다 1,000원 정도 비쌉니다. 원조 산동 짜장면에 가장 가까운 짜장면이지요.

삼선짜장은 간짜장보다 조금 더 비쌉니다. 삼선짜장은 기본 짜장 소스에 세 가지 해물을 더한 것입니다. '삼선(三鮮)'은 새우·해삼·전복을 말하

는데, 전복은 비싸기 때문에 대신 오징어나 가리비 같은 것을 주로 쓴다고 하네요.

중국 음식 가운데 '사천' 요리는 사천 지방의 요리로, 매운맛이 나는 것이 특징입니다. 그래서 사천짜장은 매운맛을 더한 짜장면이지요. 일반적인 짜장 소스에 고추기름이나 청양고추를 더하기도 하고, 춘장 대신 매운맛이 나는 '두반장'이라는 장으로 소스를 만들기도 합니다. 들어가는 재료도 귀한 것들을 넣어, 값이 비싼 고급 짜장면에 속합니다.

채소나 고기를 써는 방법에 따라 짜장면의 이름이 달라지기도 합니다. 재료를 모두 채 썰어 넣는 짜장면은 유슬짜장이라 하고, 돼지고기나 쇠고

기를 갈아 넣은 것은 유니짜장이라고 합니다. 감자나 호박, 양파 따위를 큼직하게 썰어 넣고, 춘장에다 콩을 넉넉히 넣어 소스가 갈색을 띠게 만든 짜장면도 있습니다. 이것은 옛날짜장이라는 이름으로 인기를 끌고 있습니다. 그런가 하면 산동 전통 첨면장의 맛을 느낄 수 있는 향토짜장면도 일부러 찾아가는 사람들이 많습니다.

짜장면을 마치 요리처럼 여러 사람이 함께 먹도록 만든 메뉴도 있어요. 바로 쟁반짜장입니다. 각종 채소와 해물과 고기를 넉넉하게 넣고, 면을 아예 소스에 볶아 물기가 생기지 않도록 한 다음, 쟁반만큼 커다란 접시에 담아냅니다. 그런가 하면 그릇을 아예 둘로 나누어 짜장면과 짬뽕을 함께 맛볼 수 있게 한 짬짜면도 인기를 끌었지요.

이 밖에도 재료나 색깔, 맛이 색달라 유명세를 떨치는 짜장면도 있습니다. 고기를 먹지 않는 스님들을 위해 만든 사찰짜장은 유홍준의 책 《나의 문화유산 답사기》에 등장하면서 유명해졌습니다. 짜장면을 먹고 나면 속이 더부룩해져 불만이었던 한 농부는 자신이 직접 농사지은 우리밀로 짜장면을 만들어 팝니다. 면이 구수하고 부드러울 뿐만 아니라 소화까지 잘되어 인기랍니다. 짜장면이라고 까맣기만 할 이유는 없습니다. 노랑, 빨강, 파랑 등 여러 가지 색깔이 나는 컬러짜장면도 있지요. 물론 색깔을 내는 재료는 모두 천연 재료고요. 온갖 해물과 채소를 듬뿍 넣어 매콤하고 고소하게 만든 뚝배기짜장면도 찾는 사람이 많다고 하네요.

'70년대 짜장면 만드는 법'

"국수는 밀가루를 밀어서 칼국수로 썰어 삶아 건져도 좋고, 마른 국수를 사다가 삶아서 써도 좋다. 고기는 기름기가 있는 돼지고기로 달걀만 한 크기의 것을 새끼손가락 끝만 한 크기로 썰고, 양파는 작은 것 한 개를 고기와 같이 썰고, 호박은 가는 것 정도의 한 토막을 역시 같은 크기로 썬다. 깊숙한 중국 냄비에 기름을 큰 술로 하나 반 정도 넣고 끓으면 고기를 넣고 기름이 나오도록 잘 볶고, 호박과 양파도 같이 넣고 볶는다. 여기에 중국된장 큰 술로 하나를 넣어 잘 섞은 뒤 소금을 넣고 간을 맞춘다. 스톡(육수)을 사분의 삼 컵쯤 넣고 끓으면 묽게 푼 갈분(녹말가루)을 넣어 농도를 맞추고 국수 위에 얹는다."

1972년 5월 23일, 동아일보

이대로 따라 만들면 1970년대식 짜장면을 맛볼 수 있습니다. ^^

그래도 짜장면이 최고!

짜장면이 서해를 건너 우리 나라에 온 지 100년. 한국 전쟁 뒤 우리나라 사람들의 입맛에 맞게 변신한 지도 60년이 넘어 갑니다. 사람의 인생으로 치면 슬슬 저물어 가는 황혼의 시기. 하지만 짜장면의 위세는 여전합니다. 우리나라 사람들의 짜장면 사랑이 쉬이 사그라지지 않고 있기 때문이지요.

한국외식업중앙회가 조사한 2009년 11월 말 우리나라 중국음식점 수는 1만 9,921개입니다. 하루에 팔리는 짜장면은 600만 그릇이 넘습니다. 우리나라 사람 8명 중 1명꼴로 날마다 한 그릇씩 짜장면을 먹는 셈이지요.

한때 고급 청요릿집의 메뉴로 등장하기도 했고 설렁탕보다 비싼 값을 치르던 시절도 있었지만, 짜장면은 대개 주머니가 가벼운 서민의 음식이었습니다. 1997년에 들이닥친 IMF 경제 위기 때 짜장면 판매량이 폭발적으로 늘어난 것은 이를 잘 말해 주지요. 이때에는 하루에 700만~800만 그릇이 팔려 나갔다고 해요.

2002년 우리나라에서 월드컵이 열렸을 때에도 중국음식점 전화통에 불이 났어요. 텔레비전으로 축구 중계를 보면서 먹기에 짜장면이 제격이었으니까요. 밀려드는 배달 주문에 쉴 틈 없이 오토바이를 달려야 했던 한 배달원은 인터넷 게시판에 이런 글을 남겼습니다.

"제발 짜장면 좀 그만 시켜 드세요. 우리도 축구 좀 봅시다!"

1960~70년대만 해도 입학식과 졸업식은 짜장면을 먹는 날이었어요. 요즘은 어떨까요? 2008년 입학·졸업 시기(2월 11~15일)에 114 안내전화로 음식점 전화번호를 물어 온 건수를 조사해 보았더니, 중국음식점이 50.5퍼센트로 가장 많았다고 합니다. 먹을 게 아무리 넘쳐나도, 입학식이나 졸업식 때 짜장면을 먹던 '전통'은 지금도 이어지고 있는 것일까요?

우리나라 짜장면은 이제 외국까지 진출했습니다. 이름하여 '코리안 스타일 차이니즈 레스토랑'이 베이징, 도쿄, 시드니, 밴쿠버, 로스앤젤레스 등 우리나라 사람들이 많이 모여 사는 도시를 중심으로 속속 생겨나고 있어요. 외국에서 오래 생활하다 보면 고국의 음식이 그리울 수밖에 없지요. 그런데 김치나 된장찌개 같은 우리나라 전통음식 못지않게 짜장면을 먹고 싶어 하는 사람들이 많습니다. 이런 사람들을 겨냥해 한국에서 건너간 화교들이나 한국 사람들이 한국식 중국음식점을 연 거예요. 손님은 주로 한국 교포들이지만, 우연히 한국식 짜장면을 맛본 외국인도 갈수록 늘고 있다고 합니다.

짜장면은 외롭고 힘든 이들을 위로하는 데에도 큰 힘을 발휘합니다. 햄버거 봉사대, 스테이크 봉사대는 찾기 어려워도 짜장면 봉사대는 많습니다. 스포츠 스타, 중국음식점 요리사, 주부, 직장인 등 봉사하는 사람들의 직업도 다양하지요.

봉사대들이 하고많은 음식 중에 굳이 짜장면을 택한 이유는 재료가 복잡하지 않고, 한꺼번에 많은 양을 만들 수 있기 때문입니다. 그리고 또 하나 중요한 것은 짜장면이야말로 남자든 여자든, 노인이든 아이든 모두 반기고 좋아하는 음식이라는 사실이지요.

짜장면 하면 떠오르는 따뜻한 추억. 짜장면 냄새가 코끝을 간질일 때 느껴지는 기분 좋은 배고픔. 짜장면을 비빌 때의 들뜸과 입 안에 넣었을 때의 황홀함. 그리고 소스가 시커멓게 묻은 서로의 입가를 보면 절로 터지는 웃음과 정겨움까지 이 모든 것들을 합친 행복감이 바로 짜장면의 힘입니다.

번개 배달 김대중 씨 인터뷰

 히야, 아저씨가 그 유명한 번개맨이시군요. 아빠한테 아저씨 이야기 많이 들었어요.

 "허허, 알아봐 주니 고맙구나. 아빠가 나를 뭐라고 소개하셨을까?"

 공중전화로 짜장면 주문하고 자리로 돌아오면, 짜장면이 벌써 와 있었다고 하던데요.

 "하하하, 내가 좀 빠르긴 했지. 짜장면의 생명은 맛과 빠른 배달이라 생각하고 열심히 달렸으니까."

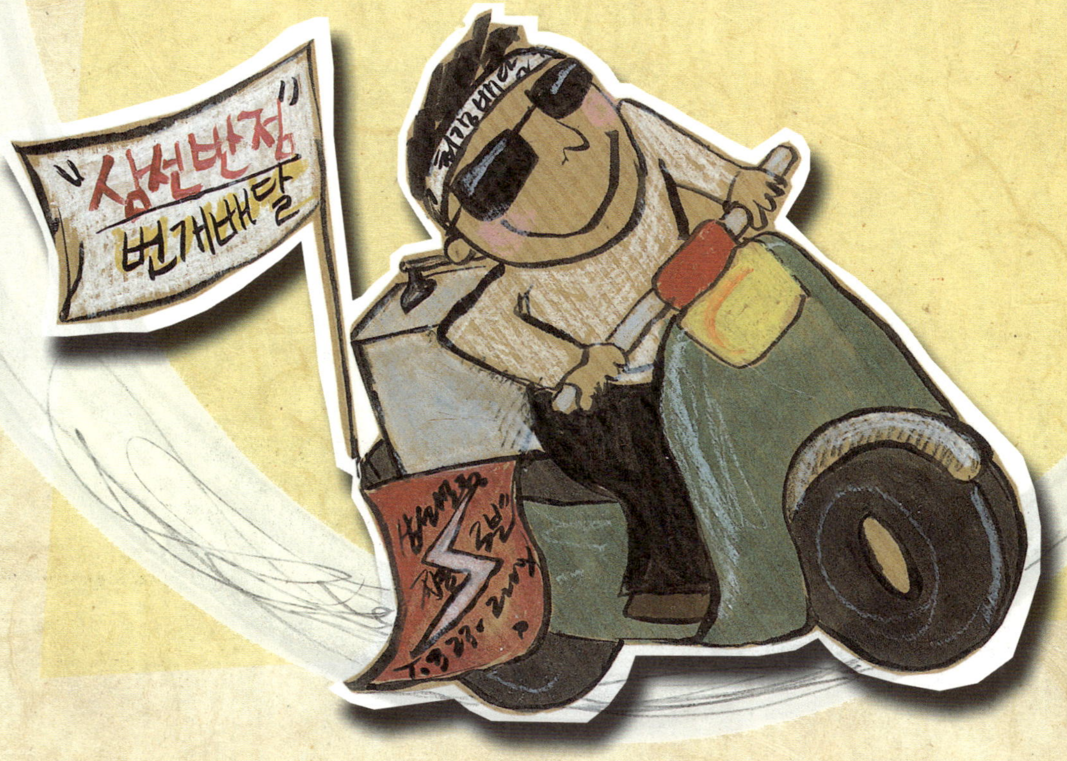

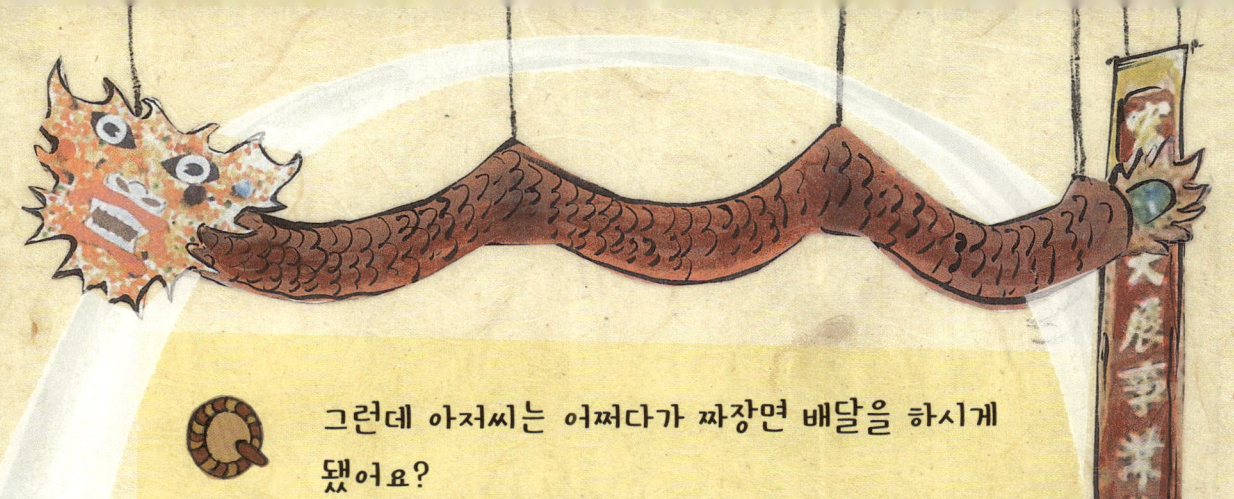

Q 그런데 아저씨는 어쩌다가 짜장면 배달을 하시게 됐어요?

A "난 열여덟 살에 고향인 광주에서 무작정 서울로 올라왔어. 돈을 벌고 싶었거든. 그런데 전봇대에 붙은 배달원을 구한다는 광고를 보았어. 어느 대학교 앞에 있던 중국음식점이었지."

Q 배달 일 하시기가 힘들지 않았어요?

A "힘들었지. 예나 지금이나 배달 일을 하는 친구들은 대부분 이 일을 그만두겠다는 생각을 할걸. 하지만 난 그럴 생각이 없었어. 왜냐하면 최고가 되고 싶었으니까. 세상에서 짜장면 배달을 제일 잘하는 최고. 하긴 짜장면을 배달하는 나라는 세계에서 우리나라밖에 없지만 말이야, 하하하!"

Q 우리나라에서 최고가 되면 저절로 세계 최고가 되는 거네요. 그런데 번개라는 별명은 어떻게 얻으셨어요?

A "내가 짜장면 배달을 정말 빨리 한다는 걸 많은 사람들에게 알리고 싶었지. 그래서 오토바이 뒤에다 '번개'라고 쓴 깃발을 달았어. 내가 하는 일을 소중

하게 여겼기 때문에 옷도 늘 깨끗하게 입고 선글라스도 꼈어. 그러고는 '번개' 깃발을 펄럭이며 오토바이를 타고 달리니까 사람들 눈에 띄었던 거야."

 우아, 상상만 해도 멋있어요. 펄럭이는 깃발에 선글라스 낀 번개 배달맨……

"난 배달만 빨리 한 게 아니라 손님들이 뭘 원하는지 늘 살폈어. 학생들은 양이 많은 걸 좋아하니까 푸짐하게 담아 주고, 교수님들은 바쁜 틈을 이용해 식사를 하니까 초고속으로 배달을 했지. 짜장면에 짬뽕 국물을 같이 주기도 하고, 또 어떻게 하면 손님들이 좋아할까를 궁리하면서 다양한 서비스를 했단다. 덕분에 내가 일하는 중국음식점은 장사가 아주 잘됐어. 그런데 하루는 한 교수님이 대학생들에게 강의를 좀 해 달라는 거야."

 강의라고요?

"글쎄 말이야. 고등학교도 졸업하지 못한 내가 대학교에서 학생들에게 강의를 하게 될 줄 어떻게 알았겠니. 그 교수님은 학교에서 배우는 지식도 중요하지만, 경험을 통해 얻은 지식이 더 값지다고 했어. 그러니 학생들에게 서비스는 어떻게 해야 하는지, 어떻게 장사를 해야 성공할 수 있는지 이야기해 달라고 하더구나."

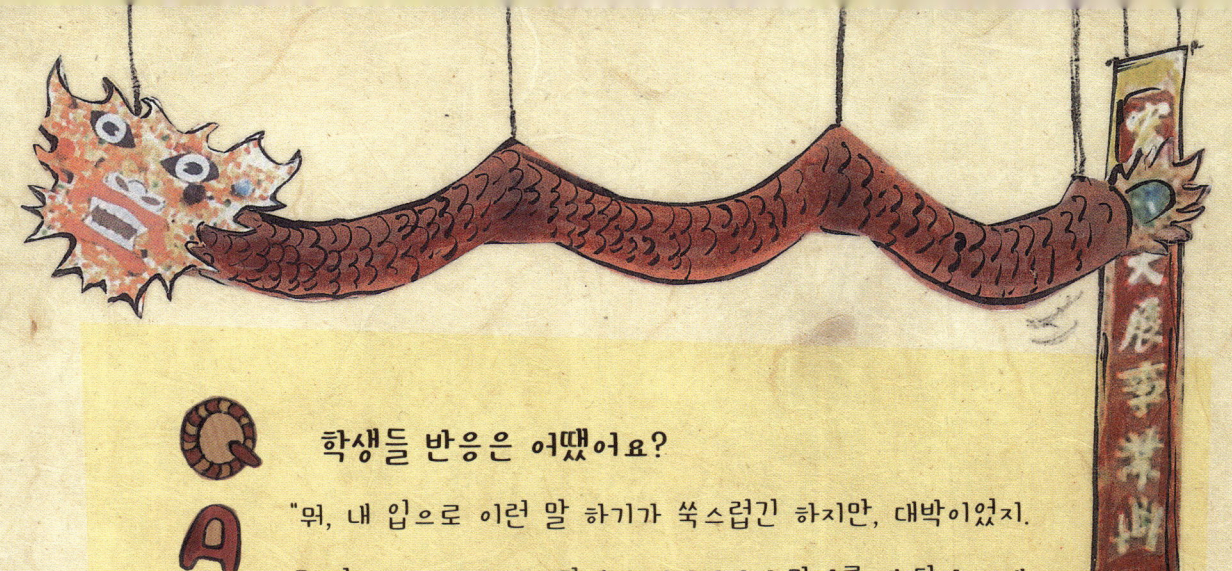

Q 학생들 반응은 어땠어요?

A "뭐, 내 입으로 이런 말 하기가 쑥스럽긴 하지만, 대박이었지. 좀 있으니 회사며 사회단체며 여기저기서 강의를 해 달라고 해서 정신없이 바빴단다. 그러면서 방송에도 출연하고 책도 냈어. 《철가방에서 스타강사로》라는 제목으로 말이야."

Q 딱 책 제목 그대로네요. 철가방을 들던 아저씨가 최고 인기 강사가 되었으니까요. 그럼 이제 배달 일은 안 하시는 건가요?

A "하하하, 강의가 너무 많아 짜장면 배달할 시간이 없어. 하지만 이만하면 세계에서 짜장면 배달을 제일 잘하는 사람이 되겠다는 꿈은 이룬 것 같구나. 이젠 다른 꿈을 향해 달려야지. 무슨 꿈이냐고? 아직은 비밀이야. 내 마음속에서 그 꿈을 적은 깃발을 꽂고 쌩쌩 달리고 있는 중이거든. 너도 마음속에 깃발 하나를 꽂아 보렴. 그리고 달리는 거야. 깃발을 힘차게 펄럭이면서 말이야."

짜장면, 예술이 되다

> "야, 예술이다, 예술!" 어떤 것을 경험하고 진한 감동을 느낄 때 우리는 이런 표현을 하곤 합니다. 특히 짜장면처럼 아주 맛있는 음식을 먹을 때 이런 말을 자주 하지요.
>
> 그런데 짜장면은 맛만 예술이 아닙니다. 정말로 예술의 소재가 되기도 하니까요. 짜장면은 수많은 사람들을 울고 웃게 하여 감동을 주는 음식이 된 거지요.

우리나라 영화에는 짜장면이 무척 자주 등장합니다. 조금 과장하면, 짜장면이 나오지 않는 영화를 찾는 게 더 쉬울 정도입니다. 화면에서 배우들이 짜장면을 먹는 장면을 보고 있으면 어느새 입 속 가득 침이 고인답니다.

처음부터 끝까지 침이 마르지 않는 영화가 있습니다. 〈북경반점〉(감독 김의석, 1999)입니다. 화학 조미료가 들어간 검은 춘장만 사용하는 중국집들 사이에서 전통 춘장을 만들기 위해 혼신을 다하는 장인, 그리고 그를 돕는

젊은이들의 우여곡절을 다룬 이야기입니다. 이 영화를 보고 나면 "오늘 점심은 짜장면으로 대충 때울까?"라는 말을 하기가 미안해집니다. 짜장면을 제대로 만들려면 얼마나 많은 정성과 고민이 필요한지 실감나게 보여주거든요.

이따금 저예산으로 만든 잔잔한 영화가 큰 인기를 끄는 경우가 있습니다. 〈집으로〉(감독 이정향, 2002)도 그런 작품입니다. 서울에서만 자란 상우는 집안 사정이 갑자기 어려워지면서 시골 외할머니 댁에 보내집니다. 버스도 잘 오지 않는 외딴 시골집에는 텔레비전도 안 나오고 게임기도 없습니다. 견딜 수 없는 지루함에 상우는 말도 못하고 귀도 먹은 외할머니에게 온갖 투정과 짜증을 냅니다. 그러자 할머니는 가진 돈을 탈탈 털어 읍내

장에서 상우에게 짜장면을 사 줍니다. 그릇까지 삼킬 듯한 기세로 짜장면을 먹던 상우는 찬물만 마시던 할머니의 마음을 언젠가 알게 될까요?

〈라디오 스타〉(감독 이준익. 2006)도 있습니다. 철없는 왕년의 스타와, 그림자처럼 묵묵히 그를 지켜 주는 매니저의 아름다운 우정을 다룬 작품이지요. 여기서 짜장면은 두 사람의 관계를 비유적으로 보여 주는 중요한 소품입니다. 짜장면이 배달돼 오자, 매니저 박민수는 짜장면을 싹싹 비벼서 가수 최곤에게 건넵니다. 너무 당연하다는 듯 받아서 먹는 최곤. 그런데 재미있는 건, 영화에서 짜장면을 만드는 주방장이 이 영화를 만든 감독이라고 하네요.

그리고 〈김씨표류기〉(감독 이해준. 2009)라는 영화도 있습니다. 사는 게 힘들어 한강에서 자살을 시도하다 그만 밤섬에 표류하게 된 남자 김씨. 어쩔 수 없이 밤섬에서 살게 된 남자는 어느 날 짜장라면 수프 한 봉지를 발견하지요. 그러자 갑자기 짜장면을 먹고 싶다는 생각이 일면서 살아가야 할 희망을 갖게 됩니다. 그는 새똥에서 옥수수 씨앗을 골라내어 농사를 짓기 시작합니다. 갖은 고생 끝에 옥수수를 수확하고 가루를 반죽해서 한 그릇

의 짜장면을 완성하는 남자! 그는 감격의 눈물을 펑펑 쏟으며 짜장면을 먹습니다.

그런가 하면 중국집이 배경인 〈짜장면〉이라는 연극도 있습니다. 1988년을 배경으로 서울 구로동 변두리의 짜장면집 '나성각'에서 펼쳐지는 가슴 찡한 이야기입니다. 이 연극에서 짜장면집을 무대로 설정한 이유는 무엇일까요? 짜장면은 잘나가는 사람도, 별 볼일 없는 사람도 누구나 먹을 수 있는 모두의 음식이기 때문입니다.

짜장면에 관련된 볼거리가 이렇게 많다니 놀랍죠? 그럼 이번에는 들을거리를 찾아봅시다. 짜장면 얘기가 나올 때마다 빠지지 않고 등장하는 노래가 있어요. 1990년대에 한창 인기 있었던 남성 5인조 그룹 GOD의 〈어머님께〉(1999)입니다. 앞부분은 랩으로 이루어졌는데 가사를 한번 볼까요.

"어려서부터 우리 집은 가난했었고 남들 다 하는 외식 몇 번 한 적이 없었고 일터에 나가신 어머니 집에 없으면 언제나 혼자서 끓여 먹었던 라면. 그러다 라면이 너무 지겨워서 맛있는 것 좀 먹자고 대들었었어. 그러자 어머님이 마지못해 꺼내신. 숨겨 두신 비상금으로 시켜 주신 짜장면 하나에 너무나 행복했었어. 하지만 어머님은 왠지 드시질 않았어. 어머님은 짜장면이 싫다고 하셨어. 어머님은 짜장면이 싫다고 하셨어. 어머님은 짜장면이 싫다고 하셨어……."

어머니는 왜 짜장면이 싫다고 하셨을까요? 마음이 찡해 오면서 엄마를 안아 드리고 싶어진다면, 이미 답을 알고 있는 겁니다.

여기서 퀴즈 하나. 짜장면 말고 철가방이 배달하는 게 또 뭐가 있을까요? 정답은 노래입니다! 글쎄, 노래를 배달하겠다고 나선 밴드가 있습니다. '철가방 프로젝트'라는 그룹입니다. 이름에 걸맞게 짜장면과 관련된 노래를 두 곡이나 발표했지요. 흥겨운 리듬에 노랫말도 재미있고 생각거리를 던져 줍니다. "짬뽕을 시킬까 짜장면을 시킬까. 중국집에 가면은 헷갈린다. 헷갈려!"(〈짬뽕과 짜장면〉), "면발이 길까요? 인생이 길까요? 일단은 살아 봐야 아는 거지요. 번개가 빠를까요? 철가방이 빠를까요? 일단은 주문부터 해 보시지요."(〈철가방을 위하여〉)

그런가 하면 중국음식점 배달원이 주인공인 노래도 있습니다. 올라이즈밴드의 〈무적철가방〉입니다.

"철가방 하나 뒤에 싣고서 빛나는 빨간 딸딸이 타고 온 동네방네 주름잡는 내 이름은 짱깽이……." 동화《짜장면 불어요》에서 배달원 기삼이가 '철가방들의 애국가'라고 했던 노래입니다. '루이스'라는 무명 밴드가 1999년 발표한〈중화반점〉이라는 노래도 있습니다. 신나고 재미있는 곡조와 노랫말, 동작으로 전 세계 네티즌들에게 인기를 모았답니다.

짜장면이 등장하는 영화나 노래가 이렇게나 많은데, 책도 빠질 수가 없겠죠? 안도현의 소설《짜장면》과, 이현의 동화《짜장면 불어요》는 중국음식점 배달원이 주인공인 작품입니다.《짜장면》이 한 소년의 철가방 체험기와 성장기라면,《짜장면 불어요》는 짜장면 해설서 또는 백과사전이라고나 할까요. 이들의 이야기를 읽고 나면 배달 짜장면 한 그릇이 예사롭지 않게 여겨진답니다.

이혜란이 글을 쓰고 그림도 그린《짜장면 더 주세요》는 중국집을 소개하는 지식정보 그림책입니다. 중국집 딸인 강희가 아빠랑 일하며 아이의 눈으로 바라본 중국 음식 요리사의 하루 생활이 담겨 있습니다. 아침 일찍 시장에 나가 재료를 고르고, 뜨거운 불 앞에서 요리를 하고, 수타면을 치고, 배달까지 나가는 일상을 실감나게 표현했지요.

유은실의 동화집《멀쩡한 이유정》에 실린〈새우가 없는 마을〉도 있네요.

생활 보호 대상자인 할아버지와 손자가 함께 삽니다. 날마다 먹는 짜장라면에 질린 손자는 할아버지에게 진짜 짜장면 맛이 어떠냐고 물어봅니다. 과연 할아버지의 대답은 어땠을까요? "근사하게 느끼하다." 풋 하고 웃음이 나면서도 가슴이 찡해지는 이 동화를 읽고 나면, 그야말로 '근사하게 느끼한' 짜장면이 정말 먹고 싶어집니다.

곽재구의 동화집 《세상에서 제일 맛있는 짜장면》에는 같은 제목의 단편 동화가 실려 있습니다. '세상에서 가장 맛있는 짜장면'을 만드는 아버지를

존경하는 아들 장바우를 만날 수 있습니다. 가장 가까운 곳에 있으면서도 소중함을 잊기 쉬운 가족의 의미를 짜장면을 통해 일깨워 주는 작품이랍니다.

엄광용의 《철가방을 든 천사》는 짜장면 배달원 김우수 씨의 실화를 다룬 동화입니다. 아주 어릴 때 고아가 된 김우수 씨는 온갖 힘든 일을 하며 지내다 한 순간의 실수로 교도소에까지 갑니다. 하지만 우연히 잡지에 실린 불우한 어린이들 이야기를 읽고, 앞으로는 새로운 인생을 살기로 결심합니다. 그 뒤, 김우수 씨는 중국집에서 일하며 받는 얼마 안 되는 돈으로 어려운 아이들을 도우며 살다가, 2011년 9월의 어느 날 교통사고로 세상을 뜨고 맙니다. 유품을 정리하다 발견한 보험증서에는 사망보험금 4,000만원을 어린이재단에 지급하겠다는 내용이 적혀 있었고, 장기 기증 등록도 되어 있었습니다. 김우수 씨의 나눔 정신은 진정한 행복이 무엇인지를 가르치며 많은 사람들에게 커다란 감동을 주었지요.

《식객》은 만화가 허영만이 2년 동안 취재하고 준비하여 내놓은 본격 음식만화입니다. 한국 최고의 맛을 찾아 우리나라 방방곳곳을 찾아다니는 진수와 성찬이가 주인공이지요. 이 만화의 제19권인 '국수' 편에 짜장면 이야기가 등장합니다. 화교 3대가 각각 다른 방식으로 짜장면을 만드는 줄거리입니다. 여기에 더해 화교들이 걸어온 길, 수타면과 춘장 이야기 등이 흥미진진하게 펼쳐집니다.

짜장면에 얽힌 별별 이야기

음식은 맛으로도 기억되지만 추억으로도 남습니다. 인터넷 검색창에 '짜장면 추억'이라고 한번 쳐 보세요. 밤을 새워도 다 못 읽을 만큼 재미있는 짜장면 이야기들이 줄줄이 이어집니다. 그 중엔 이름만 들어도 알 만한 유명인들도 많아요.

축구감독 차범근 아저씨를 아시나요? 우리나라 선수로는 최초로 독일 분데스리가의 프로팀까지 진출하여 '차붐'을 일으켰던 분입니다. 축구선수 차두리의 아버지이기도 한 그의 짜장면 추억을 들어볼까요?

"나는 초등학교 4학년 때 짜장면을 처음 봤어. 경기도 화성군 대표로 육상 대회에 참가하러 인천에 갔을 때였지. 선생님이 중국음식점에 데려가 짜장면을 시켜 주셨는데, 나는 조금도 먹지 못했어. 시커먼 짜장면을 보는 순간, 두둥! 아버지와 소달구지를 타고 가면서 보았던 쇠똥이 생각난 거야. 결국 젓가락조차 대지 못하고 말았지. 그러다가 이듬해에 친구들과 합숙을 할 때 혹시나 하고 젓가락 끝에 살짝 짜장 소스를 찍어 먹어 보았어. 친구들이 짜장면을 엄청 맛있게 먹고 있었거든. 그런데 얼마나 맛있던지! 그날부터 나는 완전히 짜장면광이 되고 말았단다."

우리나라 최고의 시사만화가라고 불리는 만화가 박재동 아저씨 이야기예요. 시사만화가 뭐냐고요? 신문 정치면에 한 컷씩 실리는 만화 있잖아요. 박재동 아저씨는 집안을 배신(?) 하면서까지 짜장면을 먹었다고 합니다. 아저씨는 어릴 때부터 그림을 잘 그렸는데, 하루는 선생님이 '만화방에 가지 말자.'는 주제로 포스터를 그려 오라고 했대요. 도대체 무슨 운명의 장난일까요. 아저씨의 집이 바로 만화방을 했거든요. 어린 마음에도 왠지 찜찜해서 "아부지, 우리 집 만화방 안 하면 안 돼요?" 하고 물었답니다. 하지만 아버지는 그럴 수 없다고 하셨구요. 하는 수 없이 열심히 포스터를 그렸고, 선생님이 상으로 짜장면을 사 주셨대요. 그런데 그 짜장면이 어찌나 맛있던지! 박재동 아저씨는 이렇게 얘기합니다. "염라대왕이 묻는 거야. '너는 살아생전 무엇이 제일 맛있었던고?' 그러면 이상하게 그 짜장면이 가장 먼저 생각날 것 같아."

짜장면의 추억 하면 영화감독 임권택 할아버지도 빼 놓을 수 없습니다. 임권택 할아버지는 우리나라 영화계의 거장입니다. 〈서편제〉, 〈취화선〉 등의 작품으로 우리 영화를 세계에 알리는 데 큰 역할을 했지요. 하지만 할아버지도 중학교 시절에는 짜장면의 유혹에 홀랑 넘어가 버린 소년이었대요. 학급 반장이었는데, 반 아이들에게 걷은 잡부금을 짜장면 사 먹는 데 써 버렸다지 뭐예요. 어려운 집안 형편에 그 잡부금을 갚느라 가족들이 몹시 고생했답니다. 잘못인 줄은 알았지만, 골목길 중국집에서 새어 나오는 짜장 볶는 냄새를 차마 거부할 수가 없었다나요.

짜장면 먹고 싶다…

등반가 허영호 아저씨 이야기도 들어볼까요? 1995년, 아저씨는 3개월에 걸쳐 힘난한 북극해 횡단을 마쳤습니다. 귀국하여 비행기에서 내린 그에게 한 기자가 물었습니다. "지금 가장 먹고 싶은 음식은요?" 그러자 아저씨는 기다렸다는 듯이 외쳤습니다. "짜장면이요!"

빠르고 멋진 액션으로 유명한 세계적인 영화배우 성룡 아저씨도 짜장면을 특별하게 생각합니다. 한 인터뷰에서 이렇게 말했다지요. "나는 짜장면에 남다른 마음을 가지고 있다. 열여덟 살 때 무명 스턴트맨으로 한국에서 영화를 찍었는데, 돈이 없어 짜장면을 자주 시켜 먹었다. 그래도 행복했다."

그런가 하면 엉뚱하고 특이한 생각과 몸짓으로 유명한 방송인 노홍철 아저씨는 짜장면의 추억도 황당합니다. 하루는 집에 갔더니 부모님이 안 계시더래요. 갑자기 무서워진 아저씨는 엄마 아빠가 자신만 두고 사라졌다고 생각했답니다. 당장 어떻게든 먹고 살아야 한다는 생각에 컴퓨터와 워크맨 같은 집에 있는 물건들을 팔아서 짜장면을 시켜 먹었대요. 집안이 발칵 뒤집힌 건 두말하면 잔소리겠죠?

문답으로 풀어 보는 짜장면 별별 상식

 우리 엄마는 짜장면 먹으면 살찐다고 못 먹게 해요. 짜장면이 살찌는 음식인가요?

 어떻게 만드느냐에 따라 차이가 있겠지만, 짜장면 1인분의 열량은 대략 670칼로리 정도입니다(짬뽕은 404칼로리, 라면은 455칼로리). 16세에서 50세까지 우리나라 성인의 하루 열량 권장량은 남자가 2,500칼로리이고, 여자가 2,000칼로리예요. 열량으로만 따지면 결코 만만한 음식이 아니지요. 다이어트 중이라면 짜장면이 아무리 맛있어도 너무 자주 먹으면 안 될 것 같습니다. 하지만 맛있게 짜장면을 먹고 그만큼 열심히 운동하는 방법도 있겠지요. 운동을 얼마나 해야 하냐고요? 남자는 2시간 6분, 여자는 2시간 20분 정도 빨리 걸어야 짜장면 한 그릇의 열량을 다 쓸 수 있답니다.

짜장면 한그릇=2시간 6분!

 우리 삼촌은 만날 곱빼기만 시켜요. 곱빼기는 정말 두 배로 더 주는 건가요? 그런데 값은 왜 두 그릇 값보다 싸지요?

 곱빼기는 양은 두 배 정도지만, 값은 500원이나 1000원쯤만 비쌉니다. 왜 그럴까요? 짜장면 두 그릇을 만드는 비용보다 곱빼기를 만드는 데 들어가는 비용이 더 적기 때문입니다. 생각해 보세요. 두 그릇을 만들려면 그릇도 두 개, 단무지와 양파 그릇도 두 개, 젓가락도 두 개가 있어야 합니다. 하지만 곱빼기는 면만 조금 더 삶아 내면 되기 때문에 원가가 덜 들지요. 그래서 싸게 팔 수 있는 것입니다. 짜장면을 많이 먹고 싶을 땐 미리 "곱빼기요!" 하고 주문하는 게 싸게 먹는 방법입니다.

 블랙데이(Black Day)가 무슨 날인가요?

 2월 14일은 여성이 남성에게 사랑을 고백하는 발렌타인데이예요. 우리나라에서는 주로 달콤한 초콜릿으로 사랑을 전하지요. 한 달 뒤인 3월 14일은 남자가 여자에게 사랑을 고백하는 날이랍니다. 이날은

화이트데이라고 해서 주로 사탕을 선물합니다.

　초콜릿이나 사탕을 주고받을 사람 없이 2월과 3월을 보낸 젊은 남녀들은 외롭기도 하고 속상하기도 하겠지요. 블랙데이는 그래서 만들어진 재미난 기념일입니다. 화이트데이에서 한 달 뒤인 4월 14일. 이날엔 연인이 없는 젊은 남녀들이 검은 옷을 입고 검은 짜장면을 먹으며 외로움을 달랜다고 하네요. 언제부터 시작되었는지는 알 수 없지만. 외로운 청춘남녀의 쓰린 속을 위로해 줄 음식으로 짜장면이 선택된 것이 재미있네요. 혹시 또 모르지요. 짜장면을 함께 먹으며 외로움을 나누다 보면 연인이 될지도요.

 **중국음식점에 가서 먹는 짜장면이랑, 배달시켜 먹는 짜장면은 맛이 달라요. 왜 그럴까요?**

 짜장면에는 '3, 5, 10 법칙'이라는 게 있어요. 짜장면은 만든 지 3분 뒤면 면발이 불고, 배달은 5분을 넘지 않게 해야 하며, 10분 이내에 먹어야 한다는 거예요. 이 때문에 짜장면 배달원들은 위험한 오토바이를 타고 최고 속도로 달리고 또 달립니다. 하지만 아무래도 면이 좀 불 수밖에 없겠지요. 그러니까 짜장면을 맛있게 먹으려면 배달시켜 먹기보다는 직접 가서 먹는 것이 좋답니다.

아참, 짜장면 먹을 때 유난히 물이 많이 생기는 사람이 있지요? 이것은 침 속에 있는 소화효소인 아밀라아제가 전분을 분해해서 생기는 현상이니, 걱정하지 않아도 돼요.

 배달된 짜장면 그릇을 씻지 않고 주는 게 예의일까요?

 하하. 그릇을 씻어 주면 중국집 주인이 재수 없다고 여긴다는 말을 들은 모양이네요. 그건 공연히 생긴 빈말입니다. 잘 아는 중국집 주인아저씨에게 물어보았습니다. 그랬더니 어차피 그릇을 돌려받으면 깨끗하게 씻는답니다. 그러니 남김 없이 맛있게 먹고 나서 깨끗하게 비닐봉지에 넣으면 충분하다고 하네요. 그래도 먹은 사람이 미리 씻어 주면 일이 한결 쉬워지겠지요.

차이나타운으로 출발!

지하철 1호선 인천역에서 내리면 길 건너편에 우뚝 솟은 패루(옛날 중국에서 큰 거리에 길을 가로질러 세웠던 대문 모양의 건축물)가 먼저 눈에 들어옵니다. 그 패루를 건너면 길 건너편과는 아주 다른 세계가 펼쳐지지요. 붉은색이 넘쳐나는 곳. 여기가 차이나타운입니다. 차이나타운 이곳저곳을 제대로 보려면 제법 오래 걸어야 합니다. 자, 그럼 신발 끈부터 단단히 매고 출발해 볼까요?

짜장면의 역사를 이야기할 때 빠질 수 없는 옛 공화춘을 먼저 들러 보지요. 한때 짜장면을 먹기 위해 몰려든 손님들로 북적이던 이곳이 이제는 짜장면박물관이 되어 관람객을 맞고 있네요.

짜장면박물관을 끼고 왼쪽으로 꺾으면 짜장면 거리입니다. 붉은 등, 금박 글자들, 화려한 용 문양 등 중국 느낌이 팍팍 나는 음식점들이 줄지어 서 있으니 아, 가슴이 콩닥거리네요. 화교 요리사가 만드는 짜장면을 먹어 보

자고요. 춘장 맛이 좀 특별할 것 같죠?

우아, 배부르다! 맛있는 짜장면으로 배를 채웠으니 다시 출발하지요. 삼국지의 주요 장면을 77개의 벽화로 표현한 삼국지 벽화거리로 가 볼까요? 관우, 장비, 유비 같은 인물들이 아주 생생하게 그려져 있습니다. 삼국지를 읽어 본 친구라면 더 신나겠어요.

벽화 구경을 마치고 자유공원 쪽으로 발길을 옮기다 보면 돌계단이 나옵니다. 이곳이 청나라와 일본의 조계지를 나누던 경계랍니다. 계단 왼편은 청나라 조계지, 오른편은 일본 조계지였지요. 계단 양쪽에 있는 석등이 중국식, 일본식으로 다른 것도 재미있어요. 중국 칭다오 지방에서 기증한 공자상도 계단 중앙에서 중국 쪽으로 조금 치우쳐 있습니다.

계단 아래쪽에는 1930년대에 지어져 아직도 사람이 살고 있는 화교 주택이 있습니다. 그리고 화교 주택의 대각선 자리에는 우리나라 최초의 호텔이었던 대불호텔 터가 있답니다. 대불호텔은 원래 일본 사람이 세웠는데, 나중에 청나라 사람들이 사들여 중화루라는 청요릿집을 열었어요. '주사부'라는 유명한 요리사가 있었던 중화루는 제물포의 3대 청요릿집으로 이름을 날렸다고 합니다.

계단 위쪽으로 가면 자유공원이 나옵니다. 1888년 개항장 안에 만들어진 우리나라 최초의 서구식 공원입니다. 그러고 보니 인천에는 우리나라 '최초'가 참 많네요. 최초의 짜장면, 최초의 호텔, 최초의 공원……. 공원에서는 인천항이 시원하게 내려다보입니다.

거리 곳곳에서 짜장면 냄새가 풍겨 올 것만 같은 차이나타운. 이곳에 차

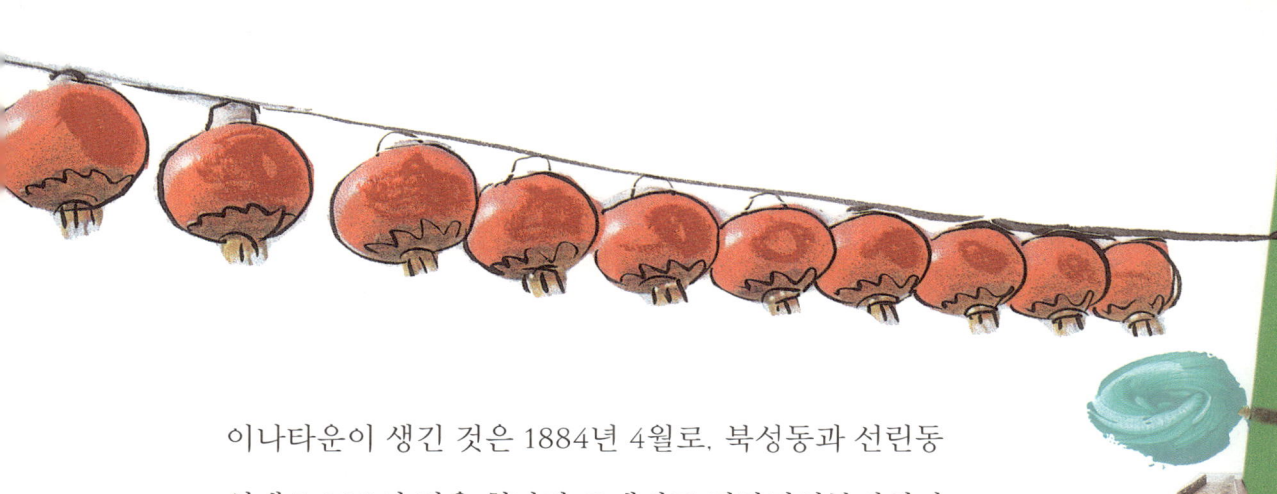

차이나타운이 생긴 것은 1884년 4월로, 북성동과 선린동 일대 5,000여 평을 청나라 조계지로 정하면서부터입니다. 이후 수많은 화교들이 모여들면서 해방 전까지만 해도 이곳은 사람들로 북적이고 활기가 넘쳤답니다. 하지만 그 뒤 우리 정부가 화교를 차별하는 정책을 계속 펼치자, 많은 화교들이 한국을 떠났습니다. 그 결과 지금 차이나타운 주변에는 화교 2, 3세들이 120여 가구에 500명 정도만 살고 있지요.

> 인터넷으로 차이나타운(www.ichinatown.or.kr)에 들어가서 '지도보기'를 찾으면 자세한 약도가 나옵니다.

나오는 말

한 세기에 걸쳐 짜장면의 역사를 따라온 여행을 이제 마무리할 때입니다. 짜장면에 관한 몇 가지 궁금증을 풀고자 시작한 여행에서 참 많은 풍경들을 만났습니다.

그 들머리에서는 외세의 압력 속에 문호를 연 개화기 조선의 어수선한 풍경을 보았습니다. 그리고 이 무렵 조선으로 건너와 거친 일을 하던 산동의 노동자들을 만났지요. 먹고살 길을 찾아 고향을 떠난 그들은 고향의 음식 짜지앙미엔을 우리에게 전해 주었습니다. 그들의 후손인 한국 화교들은 이 땅에서 살아남기 위해 짜장면을 만들었고요. 짭조름하고 떨떠름한 춘장 맛처럼, 짜장면에는 여러 가지 차별과 제한을 견디며 이 땅에서 살아온 화교들의 땀과 한이 깃들어 있습니다.

보릿고개를 넘기 힘들어 무작정 서울로 올라온 '뽀이'들은 짜장면 냄새를 맡으며 꿈을 키웠습니다. 그들이 볶아 낸 춘장은 검고도 검었습니다.

값싼 원조 밀가루로 만든 짜장면이 날개 돋친 듯 팔려 나간 것은 온 나라가 가난을 벗어던지자고 불끈불끈 힘을 쏟던 시기였습니다. 밤낮없이 일하는 일꾼들의 배를 든든히 채워 준 것도 짜장면입니다.

아이를 앞세우고 짜장면집으로 들어서는 아버지의 쫙 펴진 어깨는 가족 모두를 행복하게 했지요. 짜장면보다 더 맛있는 음식은 없는 줄 알고 자란 아이들의 가슴엔 '세상에서 제일 맛있는 짜장면'의 추억이 저마다 다른 빛깔로 자리 잡았습니다.

아이들이 자라 어른이 되고, 아이들이 간직한 짜장면의 추억은 영화가 되고 노래가 되고 시가 되고 동화가 되었습니다.

인생은 예순 살부터라는 말이 있듯, 짜장면도 이제부터 다시 시작입니다. 한국의 짜장면이 세계 곳곳에서 팔리고, 철가방을 든 배달원들은 오늘도 전국 방방곡곡을 거침없이 내달립니다. "짜장면 시키신 분!" 하고 외치면서요. 짜장면의 변신도 여전히 진행 중입니다. 언제 누가 또 다른 짜장면을 만들어 낼지 알 수 없으니까요.

사람들은 오늘도 짜장면을 먹고 짜장면을 추억하며 짜장면을 이야기합니다. 이렇게 많은 사람들이 함께 먹고 추억하고 이야기할 수 있는 음식은 짜장면밖에 없습니다. 그래서 짜장면은 그냥 짜장면이 아닙니다. '멋진 짜장면'입니다.

책과 함께하는
KBS 어린이 독서왕
독서지도안

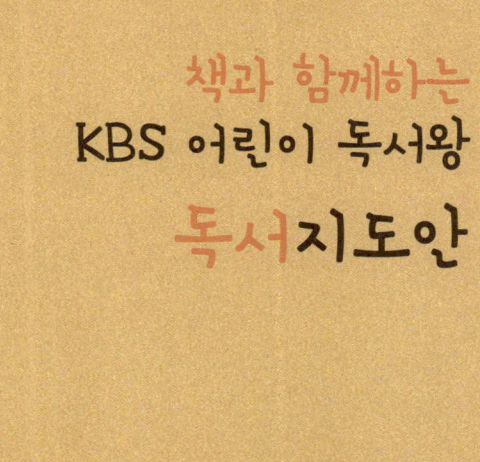

독서 이렇게 해요

목 차

1. 독서란 무엇인가?
2. 독서의 목적은 무엇인가?
3. 독서를 어떻게 할까?
4. 7단계 독서법은 무엇인가?
5. 창의적 문제해결 능력 향상 프로그램
6. 독서왕 예상 문제 출제 유형

독서란 무엇인가?

　독서(讀書)라는 말의 한자를 풀이하면 '책 읽기' 또는 '글 읽기' 입니다. 독서는 단순히 남의 지식이나 정보를 받아들이는데 그치는 것이 아니라, 말하기·읽기·쓰기·듣기의 종합 활동이 포함되는 창조적 과정입니다.
　글을 읽는 행위를 나타내는 말로 '읽기'라는 말과 책을 읽는 '독서'라는 말이 있습니다. '읽기'라는 말은 글자를 바르게 읽고 글을 아는 것이며, '독서'는 글 전체의 의미를 올바르게 이해하는 것을 말합니다.
　독서는 단순하게 글을 바르게 읽는 것만이 아닙니다. 독서는 글자를 읽고, 글자들이 모여서 된 단어의 뜻을 알고, 단어들이 모여서 이루어진 문장을 읽고, 그 의미를 파악하며, 문장이 모인 문단과 책 전체에서 감동을 받아 내면적인 변화와 행동의 변화를 일으키고, 책을 읽으면서 얻은 지식을 더욱 발전시키는 일련의 과정을 말합니다.

독서는 언제, 어디서나, 꾸준히, 특별하게 시간을 내어서, 의도적으로 하는 것이 좋습니다. 독서하는 방법은 다양합니다. 훑어보기, 빨리 읽기, 꼼꼼히 읽기, 판단하면서 읽기 등도 좋은 방법입니다.

책을 읽는 것을 '책이 말을 걸어오고, 우리들의 영혼이 그것에 대답하는 끊임없는 대화'라고 합니다.

청소년 시절에는 특히 동화나 훌륭한 인물에 대해 읽기를 권합니다. 우리에게 감동을 줄 뿐 아니라, 본받아야 할 삶의 길을 가르쳐 주기 때문입니다.

또한 독서란 '글이나 책을 읽고 마음이나 행동의 변화가 일어나 바르게 실천하는 것'이라고 할 수 있습니다.

훌륭한 사람들은 독서로 인격을 갈고 닦으며, 정서를 함양하고, 또 학습하고 익혔습니다. 읽은 책들은 대부분 대학, 중용, 논어, 맹자와 같은 사서(四書)와 시경, 서경, 역경(주역)과 같은 삼경(三經), 그리고 역사와 관련한 내용 등으로 인생에 지침이 되었습니다.

독서의 목적은 무엇인가?

✿ 왜 책을 읽어야 할까요?

인간이 문자를 만들어 사용한 이후, 독서를 통해서 지식과 정보를 얻고 과학과 문화를 발전시켰습니다. 책을 읽는 목적은 시대의 변천에 따라 변화하여 왔고, 또 변화하고 있습니다. 어린 시절에 책을 많이 읽는 것은 창의력과 사고력을 기르는데 큰 도움을 줍니다. 또한 살아가는데 도움이 될 지식을 쌓고, 자기 철학을 세울 수도 있습니다.

우리는 책을 통해서 지식과 학문을 닦습니다. 또한 책을 읽음으로써 새로운 사실을 깨닫고, 지식과 학문을 배우고 발견하게 됩니다. 책은 새로운 것들을 가르쳐 주는 정다운 벗이자 스승인 것입니다.

독서를 하면 교양을 쌓을 수 있습니다. 우리의 마음을 닦고, 무게 있고 깊이 있는 사람으로 가꾸어 나가는 방법 중 하나가 책을 읽는 것입니다. 독서를 하면 즐겁고 보람 있는 생활을 할 수 있으며, 또한 중요한 여가 선용 방법이기도 합니다.

일반적으로 독서의 목적은 다음과 같습니다.

> 첫째, 품위 있는 생활을 위한 교양을 쌓기 위해
> 둘째, 알지 못하는 세계를 개척하기 위해
> 셋째, 일상생활에 필요한 정보를 얻기 위해
> 넷째, 즐겁고 행복한 여가 생활을 하기 위해
> 다섯째, 사고능력을 기르기 위해
> 여섯째, 시민으로서 바람직한 생활을 하기 위해

독서를 어떻게 할까?

독서는 이해(理解)의 독서, 감상(鑑賞)의 독서, 비판(批判)의 독서, 창조(創造)의 독서 등으로 나눌 수 있습니다.

❀ 이해의 독서

흔히 국어 시간에 하듯이 책을 읽으며 밑줄을 긋고, 주제를 파악하고, 낱말의 뜻을 알아보고, 작품을 분석하는 등의 독서를 말합니다. 이해의 독서는 정보를 파악하는 데 초점을 두기 때문에 지식과 정보를 얻는데 도움이 됩니다.

❀ 감상의 독서

작품의 줄거리나 표현의 재미를 맛보며 읽는 방법을 말합니다. 책 속에 푹 빠져서 등장인물과 공감하며 마음을 나누는 독서 방식입니다.

감상의 독서는 이해의 독서보다 글을 쓰는 데 도움이 됩니다. 글을 쓰고 싶다는 마음을 불러일으키며, 마음에 드는 전개 방식이나 표현을 이용할 수 있기 때문입니다.

❂ 비판의 독서

글을 읽으면서 테마와 등장인물의 관계를 따지고, 글 속 인물이 어떤 상황에서 왜 그런 행동을 했는가, 앞뒤 단락이 인과적으로 연결되었는가, 각 문장에 쓰인 어휘들이 등장인물의 성격과 상황을 표현하는 데 적절한가, 말하려는 의미뿐 아니라 뉘앙스까지 전달되고 있는가 등을 따지며 읽는 방식을 말합니다.

이러한 방법으로 읽으면 자기 글을 쓸 때 앞의 두 방식보다는 훨씬 도움이 됩니다. 그러나 일정한 분석 능력을 갖추어야 하는 방법이며, 독서의 재미가 떨어진다는 것이 단점입니다.

❂ 창조의 독서

현재 읽고 있는 내용을 기초로 삼아 머릿속에서 또 다른 작품을 쓰며 읽습니다. 작품을 읽으면서 또 하나의 이야기를 만들어 나가는 방법입니다.

창조의 독서 방식으로 읽으면 그 작품을 끝까지 읽기 어렵다는 것이 단점입니다. 그러나 글을 쓰는 데에는 매우 좋습니다.

그 외에도 발달적 독서, 기능적 독서, 오락적 독서 등의 방법이 있습니다.

문학도서와 실용도서 읽기에 대하여 생각해 봅시다.

<문학도서>

❂ 문학도서에는 어떤 것이 있을까?

문학도서는 시, 소설, 수필, 시나리오, 희곡, 동화 등이 있습니다. 문학은 인류의 정신 활동 중에서 가장 오랜 기원과 역사를 가지고 있습니다. 또한 문학은 인간의 정신적 삶을 가꾸고 길러가는 분야의 기본 토대로서 역할을 해 왔고, 오래 전부터 예술의 한 형태로 자리 잡았습니다. 자라나는 아이들이 문학도서를 읽고, 어른이 되어서도 문학의 가치를 누릴 수 있다면 매우 의미 있는 일이 될 것입니다.

❂ 문학도서를 읽으면 어떤 점이 좋은가?

문학도서는 '나'와 '세계'가 만나 서로 작용하는 특별한 공간입니다. 나의 존재와 생각을 문학 읽기의 공간에서 느끼고 반성함으로써, 정신적인 성장을 경험하게 됩니다. 문학은 상상력이 지배하는 공간이며, 문학 작품은 지식을 받아들이는 수단이기보다 정서를 발달시키는 수단입니다. 또한 책을 읽기 위한 동기 부여에 중요한 역할을 합니다.

문학도서를 읽으면 어린이의 언어 발달이 촉진됩니다. 특히 문학 작품은 풍부한 어휘로 쓰였기 때문에 읽을수록 어휘력이 늘어나는 데에 도움이 됩니다.

어린이들은 동화와 고전을 읽으면 좋습니다. 이를 통해 독해력이 향상되고 문제 해결력을 기를 수 있기 때문입니다. 또한 문화를 쉽게 이해할 수 있고, 분석능력이 발달하며, 글의 아름다움을 알게 됩니다.

<실용도서>

❂ 실용도서에는 어떤 것이 있을까?

실용도서는 지식을 전달하는 책이며, 지식을 행동으로 옮기는 문제와 관련이 있습니다. 문학이나 전문적인 내용을 담은 것이 아니라, 현실 생활에 직접적인 도움이 되는 내용을 담은 책입니다.

실용도서는 종이접기, 스마트폰 활용하기, 여행가이드, 쇼핑 노하우, 건강, 다이어트, 김치 담그는 법, 예절 등 실생활에 직접 활용할 수 있는 책입니다. 실용도서는 모든 경계를 뛰어넘습니다. 또한 예상 독자와 내용에 따라 여성 실용서, 청소년 실용서, 성인 실용서, 경제 실용서, 건강 실용서 등으로 분류할 수 있습니다.

✿ 실용도서를 읽으면 어떤 점이 좋은가?

　인간은 많은 것을 알고 싶은 욕구를 가진 존재입니다. 개인의 지적 욕구가 발전하여 새로운 분야가 연구, 개척되고 문화가 발달하는 것입니다.
　실용도서를 읽으면 분야에 따라 원하는 새로운 지식을 얻게 됩니다. 자연에 관심이 많은 사람은 식물, 동물, 곤충 등 다양한 생물에 관한 정보를 알 수 있습니다. 꽃 재배에 관심이 많은 사람은 꽃에 관한 지식과 재배법을 알 수 있고, 여행을 좋아하는 사람은 여행에 관한 정보를 얻습니다. 실용도서를 통해 생활에 직접 도움이 되는 지식과 정보를 얻어 문제를 해결할 수 있습니다.

7단계 독서법은 무엇인가?

　독서는 책을 읽는 것이며, 책을 읽고 그 내용을 파악하는 것입니다.
　책을 읽는 방법에는 여러 가지가 있습니다. 다독, 낭독, 묵독, 목독, 정독, 속독, 통독, 윤독, 발췌독 등 다양합니다. 그 중에서 내용을 파악하기에 가장 좋은 방법은 정독입니다.
　이 밖에 책을 읽고 내용을 쉽고 정확하게, 자기 주도적으로 파악하도록 도와주며 창의력을 높여 주는 새로운 방법이 있습니다. 책을 읽어 내용을 파악하고, 글쓰기에 좋은 새로운 방법인 '7단계 독서법'을 소개하면 다음과 같습니다. 이 방법으로 책을 읽으면 '독서왕'이 될 수 있을 것입니다.

　7단계 독서방법으로 책을 읽어 봅시다.

1. 탐색 단계(Survey)
2. 파악 단계(Seeking)
3. 독서 단계(Reading)
4. 정리 단계(Reciting)
5. 토론 단계(Debating)
6. 쓰기 단계(Writing)
7. 평가 단계(Evaluation)

7단계는 책의 종류, 내용, 읽는 사람에 따라 3단계, 5단계 또는 6단계로 구분할 수 있습니다.

<단계별 독서방법>

1. 탐색 단계(Survey)
책표지, 삽화, 책날개, 뒤표지 등 책의 형태와 제목, 저자명, 삽화가, 목차, 서문 등을 훑어보는 단계이다.

⑴ 책표지, 삽화 등 책의 물리적인 형태를 훑어보는 단계이다.
  ① 책의 앞표지를 훑어본다.
  ② 책의 제목을 훑어본다.
      (서명, 대등서명, 별서명, 부서명, 통일서명, 총서명 등)
  ③ 책을 쓴 저자를 훑어본다.
      (저자, 공저자, 원저자, 편자, 공편자, 역자, 공역자, 번안자, 감수자, 주석자, 추천자, 원저자의 국적 등)
  ④ 삽화나 그림을 그린 사람에 대해 알아본다.
  ⑤ 출판사에 대하여 검토한다.
  ⑥ 책의 뒤표지를 훑어본다.
  ⑦ 뒤표지의 내용을 검토한다.
  ⑧ 국제표준도서번호(ISBN)를 알아본다.
  ⑨ 국제표준연속간행물번호(ISSN)를 알아본다.

⑵ 목차와 서문 등을 훑어본다.
  ① 목차, 서문, 발문을 훑어본다.
  ② 목차(서문, 발문)에 나타난 의미 있는 단어는 무엇인가?
  ③ 목차(서문, 발문)를 훑어보고 전체의 내용을 짐작한다.
  ④ 목차(서문, 발문)를 읽어 보고 책에서 제시하는 주제를 파악한다.

⑤ 제목과 가장 가까운 목차는 어떤 것인가?
⑥ 읽고 싶은 목차는 무엇인가?
⑦ 왜 그 목차를 읽고 싶은가?
⑧ 먼저 읽고 싶은 목차에 해당하는 본문부터 읽어 본다.
⑨ 읽은 본문의 대강의 내용은 무엇인가?

 탐색 단계에서는 해결할 과제는 무엇인가, 그리고 과제를 해결하려면 무엇을 알아야 하는가, 책을 읽고 무엇을 할 것인가를 아는 것부터 시작한다. 단순히 읽는 것만으로 끝나는 것이 아니라, 책을 읽는 목적을 분명히 하는 것부터 시작된다.
 이 단계를 과제의 정의(Task Definition)라고 할 수 있다. 과제를 명확히 하면 무엇을 알아야 할 것인지도 확실해진다.

2. 파악 단계(Seeking)

 탐색 후 글의 종류, 제목, 저자명, 출판사, 삽화가, 목차의 내용 등을 자세히 파악하고, 어떻게 읽을지 결정하는 단계이다.

① 어떤 종류의 글인가?
② 책 제목은 무엇인가?
③ 저자는 누구인가?
④ 출판사는 무엇인가?
⑤ 삽화가는 누구인가?
⑥ 저자의 다른 저서는 무엇인가?
⑦ 삽화가가 그린 다른 책은 무엇인가?
⑧ 출판사가 발간한 다른 책은 무엇인가?
⑨ 목차 중에서 관심이 있는 목차는 무엇인가?
⑩ 재미있는 부분은 무엇인가?

⑪ 재미있는 도표와 삽화는 있는가?
⑫ 어떻게 읽을 것인지 결정한다.

파악 단계에서는 가능한 모든 정보원을 찾아보고, 그 중에서 가장 좋은 정보원을 선택한다. 과제를 잘 해결하기 위해서는 많은 정보가 필요하다. 이러한 정보를 얻기 위해서는 수많은 정보원을 탐색해야 한다. 그렇다고 무작정 탐색하는 것이 아니라 계획을 세우고, 그 계획에 따라 정보를 찾아야 한다.
이 단계를 정보탐색전략 세우기(Information Seeking Strategies) 라고 한다.

3. 독서 단계(Reading)

책을 정독하는 단계로, 책을 읽으면서 내용을 파악한다. 이 책이 우리에게 주는 감동은 무엇인지, 지식과 정보는 무엇인지를 아는 단계이다.
책을 읽으면서 등장인물, 주인공, 그들의 관계, 생각, 행동 등을 파악한다. 또한 등장하는 생물과 무생물, 재미있거나 감동적인 문장, 어휘 등을 밑줄 치거나 메모하면서 읽는다.

(1) 읽으면서 밑줄을 친다.
　① 재미있는 부분에 밑줄을 친다.
　② 특이한 부분에 밑줄을 친다.
　③ 더 알고 싶은 부분에 밑줄을 친다.
　④ 인상 깊은 부분에 밑줄을 친다.

(2) 등장인물은 누구인가?
　① 등장인물이 활동한 배경은 어디인가?
　② 등장인물이 한 행동은 무엇인가?
　③ 등장인물이 한 일은 무엇인가?
　④ 등장인물이 한 생각은 무엇인가?

⑤ 등장인물의 행동을 평가한다.
⑥ 등장인물의 심정을 추측한다.
⑦ 등장인물의 인물을 평가한다.
⑧ 등장인물 간의 관계를 추론한다.
⑨ 등장인물이 처한 상황을 추론한다.

(3) 주인공은 누구인가?
① 주인공이 활동한 배경은 어디인가?
② 주인공이 한 행동은 무엇인가?
③ 주인공이 한 일은 무엇인가?
④ 주인공이 한 생각은 무엇인가?
⑤ 주인공과 등장인물은 어떤 관계인가?
⑥ 주인공의 행동을 평가한다.
⑦ 주인공의 심정을 추측한다.
⑧ 주인공의 인물을 평가한다.
⑨ 주인공과 등장인물 간의 관계를 추론한다.
⑩ 주인공이 처한 상황을 추론한다.

(4) 등장한 생물, 무생물에 대하여 조사한다.
① 어떤 생물이 있나?
② 어떤 무생물이 있나?
③ 어떤 식물이 있나?
④ 어떤 동물이 있나?
⑤ 어떤 물건이 있나?
⑥ 기타 무엇이 등장하나?

(5) 감동적인 글과 의미 있는 어휘를 파악한다.
① 감동적인 글에 밑줄을 친다.

② 유의어를 파악한다.
　　③ 한자어의 의미를 파악한다.
　　④ 어휘의 사전적 의미를 이해한다.
　　⑤ 바꾸어 쓸 수 있는 어휘를 찾는다.
　　⑥ 생략된 내용을 추론한다.
　　⑦ 새로운 단어, 의미 있는 단어, 알고 싶은 단어 등 어휘를 이해한다.
　　⑧ 글쓴이의 관점을 파악한다.
　　⑨ 글쓴이의 주장을 비판한다.

　필요한 정보원을 파악하고, 정보원에서 정보를 찾아 탐색하고 수집하는 단계이다. 정보원은 다양하며, 같은 정보원이라도 담고 있는 정보는 다를 수 있다. 이러한 정보원의 성격을 파악하고, 과제해결에 유용한 정보를 판단하고 수집한다. 즉, 책을 읽으면서 밑줄 친 부분에 대한 답을 찾아가는 단계이다.
　이 단계를 정보원 탐색과 수집(Location and Access)이라 한다.

4. 정리 단계(Reciting)

　정리 단계에는 지금까지 읽은 내용을 정리하고, 글쓴이의 동기와 목적, 글이 추구하는 바와 핵심은 무엇인지 생각해 본다. 그리고 파악한 내용을 정리하여 되새긴다.

　　① 글의 종류에 따라 주제, 핵심내용, 감상 및 비평을 한다. 중요한 내
　　　용이 무엇인지 되새겨 본 후, 필요한 것은 메모한다.
　　② 전 단계에서 설정한 질문에 대한 해답을 적어 본다.
　　③ 책을 읽고 안타까웠거나 아쉬워했던 장면을 떠올리고 왜 그랬는지
　　　적어 보자.
　　④ 독서 후, 더 알아보고 조사해야 하는 내용을 선정하고 심화시킨다.
　　⑤ 사전, 백과사전, 참고서, 스마트폰, 인터넷 등에서 자세한 내용을

알아본다.
⑥ 선생님, 전문가, 글쓴이, 삽화가 등에게 질문해 본다.

정리 단계에서는 수집한 정보를 검토하고, 정보를 판단하여 가려낸다. 이 단계에서는 수집한 정보를 검토하여 필요한 것은 남기고, 나머지는 버린다. 그리고 부족한 부분을 보충하는 단계이기도 하다. 이 단계를 정보 활용(Use of Information)이라 한다.

5. 토론 단계(Debating)

토론 단계에서는 전 단계에서 알게 된 내용 중에 어떤 주제를 정하고, 이에 대해 자기주장을 정당화하여 다른 사람을 설득하려는 말하기·듣기 활동을 한다.

① 토론은 하나의 논제를 둘러싸고 이루어진다.
② 찬성과 반대가 대립을 이룬다.
③ 토론은 찬반으로 대립되는 논제만 대상으로 하지 않는다.
④ 논제에 따라 A입장, B입장, C입장을 가진 다양한 토론의 종류가 있다.
⑤ 주장이 타당함을 입증하고 설득한다.
⑥ 일정한 규칙이 있다.
⑦ 독서토론은 토론을 교육하는 교육토론이다.

독서토론에서 중요한 것은 대립이 분명한 논제를 설정하는 데 있다. 토론의 형식을 취하려면, 책을 읽은 후 다양한 관점 가운데 확실하게 대립되는 것을 찾아 쟁점을 포함한 논제를 설정하는 것이 중요하다. 또한 독서토론은 설정한 논제를 가지고 토론 참여자가 책 안에서 자신의 주장에 대한 논거를 찾아야 한다. 독서토론을 통해 책의 내용을 온전히 이해하고, 그것을 토대로 논점을 찾는 능력과 함께 주제에 대한 입장을 세우는 능력을 기를 수 있다.

독서토론의 진행과정은 책 선정, 읽기, 준비, 실행, 마무리의 5단계이다.

① 책 선정 : 독서토론의 대상이 되는 도서를 선정한다.
② 읽기 : 선정한 책을 읽고, 의견을 발표하거나 정리한다.
③ 준비 과정 : 토론 형식을 익힌다. 논제를 설정한다.
　　　　　　토론 팀을 구성한다.
④ 실행 과정 : 입론-반론 중심의 토론을 실시한다. 평가서를 작성한다.
⑤ 마무리 과정 : 보고서를 작성한다.

6. 쓰기 단계(Writing)
독서록 및 독서후기, 독서논술을 쓰는 단계이다.

1) 독서록을 쓴다.
독서록 쓰기는 독서후기 또는 독서감상문을 쓰기 전의 기초 단계이다.

① 독서메모를 한다.
　　책을 읽으면서 또는 읽은 후에 알게 된 사실, 재미있는 내용, 감동 받은 내용 등 중요한 것을 메모 형식으로 간단하게 쓴다.

② 독서카드를 쓴다.
　　독서카드는 초등학교 저학년에게 효과적이다. 책을 읽은 후에 독서메모에 더해 글쓴이, 책 제목, 읽기 시작한 날, 다 읽은 날, 도서의 종류 등의 간단한 내용을 적는 것이다.

③ 독서노트를 쓴다.
　　독서노트는 초등학교 중학년부터 중학교 1학년 정도에게 알맞다. 독서노트는 독서카드의 내용에 책 제목, 글쓴이, 출판사, 등장인물, 줄거리, 느낀 점 중에 특히 재미있었던 점과 감명 받았던 부

분을 추가하여 적는 것이다.

2) 독서일기를 쓴다.
　독서일기는 책을 읽게 된 동기, 책의 내용, 느낀 점, 감명 받은 점을 중심으로 쓴다.

3) 독서편지를 쓴다.
　독서편지는 책을 읽은 후에 읽게 된 동기, 책의 내용, 느낀 점, 감명 받은 점을 중심으로 선생님, 부모, 친구 등에게 편지 형식으로 쓴다.

4) 독서후기를 쓴다.
　독서후기는 독서 감상문과 같은 것이다. 책 제목, 책을 읽게 된 동기, 글쓴이, 주인공, 줄거리, 느낌, 교훈, 의견 등을 감상 형식으로 쓴다.

5) 독서논술을 쓴다.
　논술이란 '어떤 주제에 관해 자기의 의견을 서술하는 것'이다. 또한 '주제를 잘 이해하고 살핀 후, 자신의 생각을 진술하는 것'이라고도 할 수 있다. 독서논술은 책을 읽은 후에 주제를 정하여 자기의 의견을 논리적으로 서술하는 것이다.

　　① 정독을 한다.
　　② 주제와 내용을 떠올리며 친구와 이야기한다.
　　③ 독서기록을 한다.
　　④ 독서기록을 정리한다.
　　⑤ 논술을 쓴다.

　정리한 내용을 바탕으로 예를 들고, 증거를 제시하고, 논리적으로 글을 쓴다.

6) 책을 읽고 주제와 내용을 잘 간추려서 친구에게 추천하는 글을 작성해 본다.

7) 글쓴이에게 편지 보내기, 후속편 써보기, 만화 그리기 등 다양한 독서 후 표현활동을 해 본다.

종합 단계에서는 가려낸 정보를 정리하고, 결과를 완성한다.
판단하여 선택한 정보와 지식을 종합하여 과제를 해결, 완성하는 단계이다.
이 단계를 종합(Synthesis)이라 한다.

7. 평가 단계(Evaluation)
전 단계의 과정과 결과를 평가한다.

① 책의 물리적인 형태를 알았는가?
② 독서하는 방법이 적당했는가?
③ 훑어보고 전체 내용을 짐작했는가?
④ 책에서 제시하는 주제를 파악했는가?
⑤ 책을 읽은 후 내용을 잘 파악했는가?
⑥ 책을 읽은 후 종합 정리를 했는가?
⑦ 더 알고 싶은 내용을 다양한 방법으로 탐색했는가?
⑧ 책을 읽은 후 다양한 글쓰기를 했는가?
⑨ 논술을 써 보았는가?

평가 단계에서는 결과물을 돌아보고 검토한 후, 해결 과정을 돌아본다.
부족한 부분, 빠진 부분, 보완되어야 할 부분 등을 보충하고, 알게 된 것들을 정리한다.
이 단계가 평가(Evaluation)이다.

<단계별 독서방법의 종합>

① 표지, 삽화 등 책의 물리적인 형태를 훑어본다.
② 제목이나 서문을 읽고 내용을 짐작한다.
③ 목차를 보고 책의 내용을 파악한다.
④ 첫 페이지부터 넘겨보며 큰 제목, 작은 제목, 그림을 함께 살펴 전체 윤곽을 파악한다.
⑤ 자신의 의견이나 생활과 비교하며 읽는다.
⑥ 내용 중에서 강한 인상을 주는 부분을 기록하며 읽는다.
⑦ 글쓴이의 주장을 파악하고, 사실인 내용과 의견인 내용을 구별해 본다.
⑧ 작품을 읽고 감동을 주는 부분을 기록하며 읽는다.
⑨ 세세한 부분의 내용까지 주의하며 정확히 읽는다.
⑩ 표현이 잘된 것, 좋다고 느낀 것을 기록하며 읽는다.
⑪ 내용에 따라 장면을 상상하면서 소리 내어 읽는다.
⑫ 책의 주제라 생각되는 내용을 요약하면서 읽는다.
⑬ 읽은 책의 내용을 여러 사람에게 소개한다.
⑭ 읽은 책의 내용 중에서 좋았던 점을 서로 이야기한다.
⑮ 읽은 후에 중요한 내용을 기록한다.

<도서별 적용>

창의적 문제해결 능력 향상 프로그램

창의적 문제해결 능력 향상 프로그램은 다음과 같다.

제1단계 : 과제의 정의(Task Definition)
제2단계 : 정보탐색전략 세우기(Information Seeking Strategies)
제3단계 : 정보원 탐색과 수집(Location and Access)
제4단계 : 정보 활용(Use of Information)
제5단계 : 종합(Synthesis)
제6단계 : 평가(Evaluation)

<제1단계> 과제의 정의

1. 해결할 과제는 무엇인가?
2. 과제를 해결하려면 무엇을 알아야 하는가?

'6단계 활용 창의적 문제해결 능력 향상 프로그램'은 책을 읽고 무엇을 할 것인가를 아는 것부터 시작한다. 그냥 읽는 것만으로 끝나는 것이 아니라 책을 읽는 목적을 분명히 하는 것에서부터 시작하는 것이다.
이것을 과제의 정의(Task Definition)라 한다. 이를 명확히 하면 무엇을 알아야 할 것인지도 확실해진다.

<제2단계> 정보탐색전략 세우기

1. 가능한 모든 정보원을 찾아본다.

2. 가장 좋은 정보원을 선택한다.

　　과제를 잘 해결하기 위해서는 많은 정보가 필요하다. 이러한 정보를 얻기 위해서는 수많은 정보원을 탐색해야 한다. 그렇다고 무작정 탐색하는 것이 아니라 정보탐색을 위한 계획을 세우고, 이에 따라 정보를 탐색해야 한다. 이 단계가 정보탐색전략 세우기(Information Seeking Strategies)이다.

<제3단계> 정보원 탐색과 수집

1. 정보원은 어디에 있으며 무엇인가?
2. 정보원에서 정보를 찾아낸다.

　　정보원에 접근하여 정보를 탐색하고 수집하는 단계이다. 정보원은 다양하며, 같은 정보원이라도 담고 있는 정보는 다양하다. 이러한 정보원의 성격과 과제 해결에 유용한 정보를 판단하고 수집하는 단계를 정보원 탐색과 수집(Location and Access)이라 한다.

<제4단계> 정보 활용

1. 수집한 정보를 검토한다.
2. 정보를 판단하여 가려낸다.

　　이 단계에서는 수집한 정보를 검토하여 취사선택한다. 그리고 부족한 부분을 보충하는 단계이기도 하다.
　　이 단계를 정보 활용(Use of Information)이라 한다.

<제5단계> 종합

      1. 가려낸 정보를 정리한다.
      2. 결과를 완성한다.

판단하여 선택한 정보와 지식을 종합하여 과제를 해결, 완성하는 단계이다. 이 단계를 종합(Synthesis)이라 한다.

<제6단계> 평가

      1. 결과물을 돌아보고 검토한다.
      2. 해결 과정을 돌아본다.

완성한 과제를 되돌아보고, 부족한 부분과 빠진 부분 등을 찾아 보완할 부분을 보충하고, 알게 된 것들을 정리한다. 이 단계를 평가(Evaluation)라 한다.

창의적 문제해결 능력 향상 프로그램 적용 사례

도서명 : 맛있는 짜장면의 역사

박남정 글 · 이루다 그림 l 산하 l 2012

나는 누구일까요? 잘게 썬 고기와 채소가 어우러진 까만색 소스를 매끈매끈 쫄깃한 면에 비벼 먹는 국수에요. 파스타도 아니고, 칼국수도 아니죠. 맛은 달 큰하고 부드러워 먹기 쉽고, 먹고 나면 든든하지요. 내가 누구인지 이젠 알겠 죠? 바로 짜장면입니다! 철이 아버지도 철이처럼 11살 때 할머니가 짜장면 한 그릇 사주시면 세상을 다 얻은 것처럼 행복했다고 하시더라고요. 짜장면의 역 사가 담긴《맛있는 짜장면의 역사》라는 책을 학교신문에 광고해 봅시다. 이 책 을 읽고 짜장면을 먹으면 짜장면이 더 맛있을 것 같아요.

해결할 과제: 《맛있는 짜장면의 역사》를 학교신문에 광고하기

《맛있는 짜장면의 역사》라는 책은 우리가 좋아하는 짜장면의 역사에 관한 내 용을 담고 있어요. 짜장면은 우리가 좋아하는 음식이기도 하지만, 우리의 문화 와 생활과 밀접하게 관련되어 있지요.

이 책을 많은 친구들이 함께 읽었으면 좋겠어요. 짜장면에 대해서 제대로 알 고, 짜장면과 같은 음식이 또 무엇이 있는지도 고민해서 짜장면과 같은 음식이 더 생겨났으면 좋겠네요.

우리는 친구들이 책을 사고 싶다는 마음이 들도록 광고를 해야 해요. 학교 신 문에 낼《맛있는 짜장면의 역사》의 광고문을 만들어 봅시다.

창의적 문제해결 능력 향상 프로그램에 맞추어
《맛있는 짜장면의 역사》를 학교신문에 광고해 봅시다.

| 1단계 | 과제의 정의 |

1.1. 해결할 과제는 무엇인가?
▷ 내가 해결할 과제는 무엇인가요? 한 문장으로 써보세요.

👦 학교신문에 《맛있는 짜장면의 역사》 책 광고 싣기

1.2. 과제를 해결하려면 무엇을 알아야 하는가?
▷ 광고문 작성법

👦 실제 광고문 조사하기

▷ 그 밖에 가능한 답변

👤 광고에 대해 알아야 한다.
👤 광고문을 만드는 이유를 알아야 한다.
👤 광고문은 어떻게 이루어져 있는지 알아야 한다.
👤 책 광고문에는 보통 어떤 내용이 들어가는지 알아야 한다.

2단계　　정보원 탐색과 수집

2.1. 정보원은 어디에 있으며 무엇인가?

▷ 우리는 광고문을 만들어야 해요.
　광고에 대한 정보를 어디에서 찾아야 할까요?

👤 인터넷, 신문, 국어사전, 백과사전, 사람, 현장 활동, 책 등

2.2. 정보원에서 정보를 찾아낸다.

▷내가 고른 정보원에서 정보를 찾으려면 어떻게 해야 할까요?

😀
😀
😀

😀 신문 : 신문에 실린 광고를 본다.
😀 사전 : 사전에서 가나다순으로 찾아 '광고'라고 나와 있는 부분을 본다.
😀 인터넷(스마트폰) : '광고' 또는 '광고문'이란 검색어를 넣어 검색한다.

3단계   정보 활용

3.1. 수집한 정보를 검토한다.

▷좋은 광고문과 좋지 않은 광고문을 뽑고 그 이유를 써 봅시다.

내가 뽑은 광고문	번호	이 유
좋은 광고문	2	어렵지 않은 말로 책 소개를 해 주고 있다. 책의 특징이 드러나 있다.
	3	책에 대해 흥미롭게 소개하고 있다. 쉬운 말로 소개하고 있다.
좋지 않은 광고문	1	표제, 본문 모두 책에 대해 제대로 알려 주고 있지 않다. 출판사, 저자 등을 알려 주고 있지 않다.
	4	과장된 표현이 나온다. 다른 책을 무조건 나쁘다고 모함하는 내용이 들어 있다.

3.2. 정보를 판단하여 가려낸다.

▷ 잘 만들어진 책 광고의 조건은 무엇일까요?

-
-
-

- 책의 특징이 광고 속에 잘 나타나야 한다.
- 거짓된 정보나 과장된 표현은 피한다.
- 쉬운 말로 쓰되 창의적으로 표현한다.
- 그림이나 사진이 들어가면 더 좋다.
- 지은이, 출판사 등 최소한의 책 정보를 알려 준다.
- 그 밖에 여러 정보원에서 다른 다양한 답변을 해 보자.

▷ 책 광고를 만들기 위해서는 책에 대해 잘 알아야 하겠지요.
  책 내용을 간단히 소개해 보세요.

> 우리가 항상 즐겨 먹는 짜장면은 단순한 음식의 의미만 있는 것이 아니다. '짜장면'인가? 혹은 '자장면'인가? 명칭의 논란도 있었다. 중국 음식임에도 불구하고 한국을 대표하는 음식이 된 짜장면의 역사는 우리의 생활사이자 문화사이기도 하다. 이 책은 짜장면의 역사를 따라서 흥망성쇠를 거듭한 한국 화교들의 애환과, 전쟁 이후 가난을 벗어 던지기 위해 바쁘고 치열하게 살아내던 우리 할아버지 할머니의 삶을 그리고 있다. 짜장면과 관련된 짜장 라면. 단무지. 철가방의 재미난 정보도 담고 있다.

▷ 가장 기억에 남는 장면은 무엇인가요? (그림을 그려도 좋습니다.)

* 산동 출신 노동자들은 낯선 조선에서 고향의 음식인 짜장면으로 허기를 채우면서 무슨 생각을 했을까요. 고향 땅과 두고 온 가족을 생각하지 않았을까요? 산동 사람들과 함께 조선으로 건너온 짜지앙미엔에는 이렇게 그들의 땀과 눈물이 어려 있답니다.

* 중국 산동 지방의 짜지앙미엔이 한국식 짜장면으로 변한 것처럼 어떤 나라의 음식이 다른 나라에 가서 그 곳 사람들의 입맛과 기후, 풍습 따위에 맞게 변화된 예가 많아요. 인도 사람들이 즐겨 먹던 커리가 일본으로 건너가 카레가 된 것, 서양의 오믈렛와 일본의 쌀밥이 어울려 오므라이스가 된 것도 그런 경우랍니다.

▷ 다른 사람에게 이 책을 권한다면 어떤 이유를 들며 권할까요?

- 짜장면에 관한 다양한 지식이 있다.
- 중국의 짜지앙미엔이 한국 짜장면으로 변한 것처럼 문화에 따라 바뀔 수 있는 아이디어를 준다.
- 짜장면의 역사를 우리의 삶과 연결시켜 생생하게 알려 주고 있어 재미있다.

4단계 　　　　　　　　　종 합

4.1. 가려낸 정보를 정리한다.

▷《맛있는 짜장면의 역사》광고문 기획안

계획	구체적인 내용
광고 대상 / 방법	학생, 학부모. 학교신문에 광고로 게재한다.
표제	짜장면은 원래 까맣지 않았다고? 헛소문이죠?
본문	내가 좋아하는 짜장면에 우리 할아버지, 아버지의 삶이 담겨 있어요. 중국집에서 배달시켜 먹는 짜장면은 한국식 짜장면이래요. 짜장면의 별별 상식을 모두 알 수 있어요.
책 정보에서 광고문에 넣을 내용	책 제목 글을 쓴 사람(글쓴이, 그린이) 출판사, 책값
광고문에 넣고 싶은 그림	책 표지와 함께 짜장면을 연상시킬 수 있는 단무지, 철가방, 짜장라면.

4.2. 결과를 완성한다.

▷ 이제 직접 광고를 만들어 봅시다.

만든 광고를 학교 신문에 내 봅시다.

5단계   평 가

5.1. 결과물을 돌아보고 검토한다.

▷ 책 광고가 잘 만들어졌는지 평가해 봐요.

- 신문에 난 광고를 본 친구들의 반응은 어떠한가요?
- 이번 책 광고에서 가장 잘된 점은 무엇인가요?
- 100점 만점에 몇 점을 주겠어요?

5.2. 해결 과정을 돌아본다.

▷ 과제 해결 단계별로 어떤 활동을 했는지 정리해 봅시다.

- 광고를 만들면서 가장 어려웠던 점은 무엇이었나요? 왜 어려웠나요?
- 다음에 광고를 만들 때에는 어떻게 하면 더 좋아질까요?

독서왕 예상 문제 출제 유형

맛있는 짜장면의 역사

1. '한국 문화를 대표하는 100가지 문화 상징'에도 이름이 올라 있으며 중국에서 유래하였으나 그것과 다르게 우리나라에서 뿌리내렸고, 남녀노소 누구나 즐기는 대표적인 외식 메뉴이며, 세계화가 가능한 이 음식은 무엇일까요?

① 짜장면　　　② 비빔밥　　　③ 짬뽕
④ 피자　　　　⑤ 떡볶이

2. 잘게 썬 고기와 채소가 어우러진 까만색 소스를 매끈매끈 쫄깃한 면에 비벼먹는 이 음식은 무엇일까요?

① 스파게티　　② 짬뽕　　　　③ 냉면
④ 짜장면　　　⑤ 쫄면

3. 《맛있는 짜장면의 역사》에서 '희수 아빠'와 중국집 '뽀이 하림각 남상해 회장'의 공통된 꿈은 무엇이었을까요?

① 중국집 배달부　　② 중국집 주방장　　③ 중국집 사장
④ 중국집 점원　　　⑤ 중국집 봉사원

4. 면을 만드는 다양한 방법을 설명한 글과 명칭이 잘못 짝지어진 것은 무엇일까요?

　　① 수타면 : 손으로 반죽을 쳐서 늘이면서 반씩 접어 가늘게 만들기
　　② 압출면 : 기계에 넣어 뽑아내기
　　③ 절면 : 칼로 얇게 썰기
　　④ 도삭면 : 얇은 철판 같은 도구로 한 줄씩 깍아 내리기
　　⑤ 납면 : 기계에 넣어 두껍게 뽑아내기

5. 면 요리는 요리법에 따라 크게 국물에 말아 먹는 것과 국물 없이 비벼 먹는 것으로 나뉩니다. 국물 없이 비벼 먹는 국수를 무엇이라고 할까요?

6. 짜장면의 맛은 지역마다 다른데, 이는 면을 비비는 장이 다르기 때문입니다. 북경에서는 콩으로 만든 '황장'을 주로 쓰고, 산동 지방에서는 밀과 콩을 함께 발효시켜 달콤한 맛이 나는 장을 쓴다고 합니다. 이 장은 무엇이라고 할까요?

7. 시안으로 피신하던 광서제와 서태후가 처음 짜장면을 접하고 북경에 돌아올 때 그 음식점의 주방장을 데리고 왔다고 합니다. 그때부터 황제와 황후가 먹는 음식이라고 널리 알려졌다는 북경 짜장면의 유래가 된 시대는 언제였나요?

① 명나라 시기 ② 청나라 시기 ③ 한나라 시기
④ 원나라 시기 ⑤ 조나라 시기

8. 우리나라 인천의 옛 이름은 무엇일까요?

① 영등포 ② 성산포 ③ 서귀포
④ 모슬포 ⑤ 제물포

9. 1930년대를 배경으로 한 박태원의 소설 〈성탄제〉에서 "식구 수효대로 짜장면을 시켜 왔다."고 말하는 장면이 있습니다. 여기에서 '수효'의 뜻은 무엇일까요?

① 특별한 효험 ② 뛰어난 공훈
③ 사물의 낱낱의 수 ④ 요청 또는 요구
⑤ 음식이나 물건 따위를 담는 기구를 통틀어 이르는 말

10. 중국 제나라 안영이 초나라 왕에게 했던 말로 '남쪽에서는 크고 맛있게 열매 맺는 귤도 북쪽 땅에 심으면 탱자가 된다.'는 뜻의 사자성어는 무엇일까요?

① 남귤북지(南橘北枳) ② 남남북녀(南男北女)
③ 남가지몽(南柯之夢) ④ 남기북두(南箕北斗)
⑤ 남만북적(南蠻北狄)

147

다음의 지문을 읽고 물음에 답하세요. (11~14번)

"비단이 장사 왕 서방 명월이한테 반해서, 비단이 팔아 모은 돈 퉁퉁 털어서 다 줬어. 띵호와 띵호와 돈이 없어도 띵호와……." 1930년대에 인기를 끌었던 대중가요 가운데 이런 노래가 있습니다. 3절까지 이어지는 노랫말의 내용을 보면 대충 이렇습니다. 비단 장사를 하는 왕 서방이 명월이에게 반해서 돈을 갖다 바쳤는데, 명월이는 마음을 열지 않습니다. 명월이와 살기만 하면 돈이 없어도 좋을 텐데, 싫다니 어쩝니까. 돈이나 벌어야지요. 이 노래에 등장하는 왕 서방은 우리나라에서 장사를 해서 큰돈을 번 ㉠화교 상인을 가리킵니다.

(중략) 1884년에는 인천에 청나라 사람들이 모여 사는 ㉡_____ 가 생겨났어요. 그 때 354명이었던 화교가 1910년에는 1만 명을 넘어섰고, 1930년에는 6만여 명, 1940년대에 이르러서는 10만 명 가까이 되었습니다. (중략) 화교들은 면직물이나 비단 등 옷감을 파는 ㉢포목점도 많이 운영했어요. '비단 장사 왕 서방'은 그래서 나온 말이지요. 또, 화교들이 많이 경영한 것이 음식점입니다. (중략) 그렇지 않은 사람들은 자그마한 식당을 하거나 간단히 만두나 호떡을 팔기도 했습니다. ㉣'호떡집에 불났다.'는 말을 들어보았나요?

11. 다음 설명에 등장하는 왕 서방과 같은 사람들을 뜻하는 말 ㉠은 무슨 뜻일까요?

① 중국 국적을 가지고 외국에서 사는 중국사람
② 한국 국적을 가지고 중국에서 사는 중국사람
③ 중국 국적을 가지고 중국에서 사는 한국사람
④ 한국 국적을 가지고 한국에서 사는 한국사람
⑤ 중국 국적을 가지고 중국에서 사는 중국사람

12. 다음 내용이 설명하는 단어 ㉡은 무엇인가요?

19세기 후반에 영국, 미국, 일본 등 8개국이 중국을 침략하는 근거지로 삼았던, 개항 도시의 외국인 거주지. 외국이 행정권과 경찰권을 행사하였으며, 한때는 28개소에 이르렀으나 제2차 세계대전 이후에 폐지되었다.

① 개간지　　② 조계지　　③ 조갑지
④ 간척지　　⑤ 조가지

13. 다음 내용이 설명하는 ㉢과 같은 뜻을 가진 단어는 무엇일까요?

예전에, 무명이나 비단 따위의 피륙을 파는 가게를 이르던 말.
예) 허 생원은 ○○○에서 평생 잔뼈가 굵었다.

① 목기전　　② 어육전　　③ 시전
④ 드팀전　　⑤ 난전

149

14. ㉣'호떡집에 불났다'는 표현의 분위기로 가장 알맞은 것은 무엇일까요?

① 고요하고 쓸쓸하다.
② 차분하고 정돈되어 있다.
③ 무심하고 소홀하다.
④ 일을 빨리 해치우려고 급하게 바삐 움직이다.
⑤ 왁자지껄하다.

15. 춘장의 색은 원래 검은색이 아니라고 합니다. 이것을 넣어 검은색으로 만들었다고 하는데 이것은 무엇일까요?

16. 안도현 시인이 쓴 중국집 배달원 소년의 성장기를 그린 어른 동화《○○○》과 이현의 동화《○○○ 불어요》에 공통으로 들어갈 단어는 무엇일까요?

① 짜지앙미엔　　② 자장면　　③ 짜장면
④ 짬뽕　　　　　⑤ 작장면

17. 2011년 8월 31일 국립국어원에서 그동안 표준어로 쓰이던 자장면 외에 짜장면도 공식 표준어로 인정하며, 그동안 인정되지 않았던 낱말들도 표준어에 넣기로 했다고 밝혔는데요. 이 중에 표준어로 인정된 것은 무엇일까요?

① 괴발새발　　② 복걸복　　③ 염치불구
④ 허섭스레기　⑤ 주구장창

18. 19세기 후반 일본 나가사키에 살던 화교 천핑순(일본명 진헤이준)이 개발한 음식입니다. 닭 뼈나 돼지 뼈를 푹 고아 만든 육수에 채소, 해물, 고기를 볶아 얹고 국수를 넣어 끓인 음식으로, 중국집에서 짜장면과 함께 인기 있는 이 음식은 무엇일까요?

① 울면　　　　② 우동　　　　③ 짜장면
④ 짬뽕　　　　⑤ 탕수육

19. 아래는 중국 건축물의 특징을 설명하고 있습니다. 무엇을 설명하는 것인가요?

예전에 중국에서 큰 거리에 길을 가로질러 세우던 시설물이나 무덤, 공원 따위의 어귀에 세우던 문. 도시의 아름다운 풍경과 경축의 뜻을 나타내기 위하여 세웠다.

① 두공(斗拱)　　② 궁실(宮室)　　③ 패루(牌樓)
④ 천단(天壇)　　⑤ 관아(官衙)

20. 씨앗을 뿌리는 이른 봄부터 보리 이삭이 영그는 초여름 전까지는 수확할 곡식이 없으니 먹을 것이 없어, 많은 사람들이 나물죽을 끓여 먹고 나무껍질까지 벗겨 먹어가며 이 시기를 넘겼다고 합니다. 이 시기를 뭐라고 부를까요?

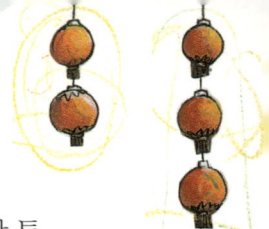

21.
1960년대에 식량난에 시달리는 우리나라로 미국이 보낸 곡물 60만 톤 중 70퍼센트가 밀이었다고 합니다. 이 밀을 소비하기 위해 정부에서 어떤 운동을 펼쳤습니다. 이 운동은 무엇일까요?

22.
우리나라는 1969년부터 일주일에 이틀씩 아예 분식만 먹는 운동을 벌였다고 합니다. 매주 수요일과 토요일을 '쌀을 먹지 않는 날'로 정했는데 이 날을 뭐라고 부를까요?

23.
수타면은 손으로 쳐서 만드는 면으로 밀가루 반죽을 양손으로 잡고 넓은 판에 쳐 가며 반씩 접어 늘입니다. 그러면 처음에는 한 덩이였던 반죽이 두 줄로, 네 줄로, 그 다음엔 열여섯 줄로 나뉘고, 여덟 번 접으면 2의 8제곱으로 늘어납니다. 그럼 2의 8제곱은 몇 가닥일까요?

① 64가닥 ② 128가닥
③ 256가닥 ④ 512가닥
⑤ 1024가닥

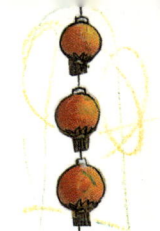

24. 다음 글이 설명하는 단어의 의미와 같은 것은 무엇일까요?

음식의 모양과 빛깔을 돋보이게 하고 음식의 맛을 더하기 위해 음식 위에 얹거나 뿌리는 것을 통틀어 이르는 말.

① 떡국에 고명을 얹다   ② 한성은 서울의 고명(古名)이다.
③ 뒤를 돌아보며 울기보다 앞을 보며 '웃으랬다'는 고명(古銘)을 새삼스럽게 깨달은 그는······.
④ 그분의 고명(高名)은 나도 들은 바 있소.
⑤ 성찰과 통회와 정개를 마쳤으니 이제 신부님께 고명(告明)할까 합니다.

25. 농촌에서 살던 사람들이 도시로 몰려들면서 할아버지, 할머니, 고모, 삼촌 등이 함께 살던 대가족이 해체되고 부모와 아이들만 사는 집이 늘어났다고 합니다. 이런 가족을 표현하는 말은 무엇일까요?

① 확대가족   ② 핵가족   ③ 대가족
④ 2세대 가족   ⑤ 한 부모 가족

26. '우리 일상생활에 큰 영향을 미쳤을 뿐만 아니라 문화인류학적 소산이라 할 만큼 완전한 디자인'이라는 이유로 한국디자인문화재단이 선정한 코리아 디자인 목록 52개 가운데 하나로 뽑힌 이 물건은 무엇일까요?

① 오토바이   ② 철가방   ③ 바구니
④ 쟁반   ⑤ 가방

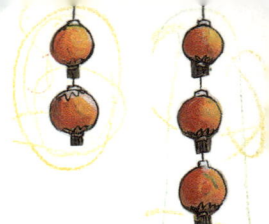

27. 다음 중 짜장면의 종류를 설명한 내용이 옳은 것은 무엇일까요?

① 유슬짜장은 재료를 큼직하게 썰어 만든다.
② 간짜장은 '건(乾)짜장'이라고 하며 면과 소스가 따로 나오는 마른 짜장이다.
③ 사천짜장은 일반 짜장 소스를 넣어 만든다.
④ 유니짜장은 '두반장'이라는 장으로 소스를 만든 매운맛을 더한 짜장이다.
⑤ 간짜장은 새우, 해삼, 전복의 세 가지 해물을 더해 만든 것이다.

28. 곽재구의 동화집 《세상에서 제일 맛있는 짜장면》에 같은 제목의 단편 동화로 실려 있는 〈세상에서 제일 맛있는 짜장면〉의 주인공 장바우가 존경하는 사람은 누구일까요?

① 어머니　　② 중국집 주방장　　③ 중국집 배달부
④ 아버지　　⑤ 선생님

29. 짜장면이 등장하는 아래 책의 주인공은 무슨 일을 하는 사람들일까요?

안도현의 소설 《짜장면》
이현의 동화 《짜장면 불어요》
엄광용의 동화 《철가방을 든 천사》

① 중국집 사장　　② 중국집 요리사　　③ 중국집 점원
④ 중국집 주방보조　　⑤ 중국집 배달부

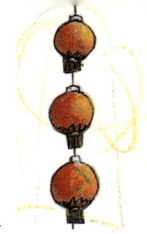

30. 2월 14일은 여성이 남성에게 사랑을 고백하는 발렌타인데이로 우리나라에서는 주로 초콜릿으로 사랑을 전하지요. 한 달 뒤인 3월 14일은 남자가 여자에게 사랑을 고백하는 날로 화이트데이라고 해서 주로 사탕을 선물합니다. 화이트데이 한 달 뒤인 4월 14일은 연인이 없는 젊은 남녀들이 검은 옷을 입고 검은 짜장면을 먹는다고 하는데. 이 날은 무엇이라고 부를까요?

① 발렌타인데이 ② 화이트데이 ③ 블랙데이
④ 빼빼로데이 ⑤ 로즈데이

31. 짜장면을 먹을 때 유난히 물이 많이 생기는 사람이 있는데 이것은 침 속에 있는 소화효소인 '이것'이 전분을 분해해서 생기는 현상이라고 합니다. 이것은 무엇일까요?

① 락타아제 ② 아밀라아제 ③ 수크라아제
④ 말타아제 ⑤ 펩신

정 답

1. ①　2. ④　3. ③　4. ⑤　5. 김밥　6. 문금옹
7. ②　8. ⑤　9. ③　10. ①　11. ①　12. ②
13. ④　14. ⑤　15. 재두루미 16. ③　17. ④　18. ④
19. ③　20. 덕진공원　21. 음식 정력 증등　22. 수미인곡(壽米人曲)
23. ③　24. ①　25. ②　26. ②　27. ②　28. ④
29. ⑤　30. ③　31. ②

155

맛있는 짜장면의 역사

제1판 제1쇄 발행일 2012년 6월 20일
개정 증보판 제2쇄 발행일 2013년 4월 10일

글쓴이 · 박남정
그린이 · 이루다

펴낸이 · 소병훈
주　간 · 오석균
편　집 · 최혜기
디자인 · 소미화
마케팅 · 권상국
관　리 · 이용일. 김경숙
펴낸곳 · 도서출판 산하 | 등록번호 · 제300-1988-22호
주소 · 110-053 서울특별시 종로구 사직로 8길 21-2 (내자동 서라벌빌딩 4층)
전화 · (02)730-2680(대표) | 팩스 · (02)730-2687
홈페이지 · www.sanha.co.kr
전자우편 · sanha83@empal.com

글ⓒ박남정. 2012
그림ⓒ이루다. 2012

ISBN 978-89-7650-403-6 74810
ISBN 978-89-7650-800-3 (세트)

＊이 도서의 국립중앙도서관 출판시도서목록(CIP)은 e-CIP홈페이지(http://www.nl.go.kr/ecip)와
　국가자료공동목록시스템(http://www.nl.go.kr/kolisnet)에서 이용하실 수 있습니다. (CIP제어번호 : CIP2013001230)
＊이 책의 내용은 저자나 출판사의 동의 없이 사용할 수 없습니다.